Giovanni Messina

Anatomia dell'antiscuola

Dall'istruzione per pochi all'ignoranza di massa

In copertina
La scuola di Tagaste di Benozzo Gozzoli

www.omband.net

Premessa

Tempo addietro ho partecipato a un convegno organizzato da un'associazione di dirigenti scolastici. L'ospite d'onore, ex capodipartimento del Miur, era una signora che ispirava un istintivo senso di simpatia per l'idealismo e la passione che trasparivano dalle sue parole. Una di quelle persone che, per quanto si possa essere in disaccordo con le loro idee, non si può fare a meno di apprezzare per l'abnegazione che mettono in quello che fanno. Più volte, nel corso del suo intervento, sono risuonate espressioni come: "noi che amiamo la scuola", "noi che abbiamo dedicato la nostra vita alla scuola", "noi che abbiamo cari i destini della scuola", ecc.

Niente a che vedere con quegli alti papaveri di altri rami ministeriali, i cui nomi finiscono spesso e volentieri nelle carte processuali per aver lucrato su una fornitura o per un'autorizzazione concessa a un farmaco di dubbia efficacia. Solo nella scuola si trova una percentuale tanto alta di persone capaci di interpretare il proprio lavoro con dedizione. Non si può negare, anche a rischio di scivolare nella retorica, come la scuola sia una specie di isola felice nella quale valori che vengono quotidianamente calpestati e irrisi dal resto della società continuano a essere moneta corrente. A dispetto della professionalità svilita, del più o meno malcelato disprezzo che piove da ogni dove sugli operatori scolastici, del prestigio sociale in caduta libera, del precariato, ci sono decine di migliaia di persone che ogni giorno interpretano il proprio lavoro come una missione.

A un certo punto, qualcuno degli astanti ha posto una domanda nella quale evidenziava le difficoltà di calare nel concreto della vita scolastica qualcuna delle eccentriche disposizioni emanate di recente e che recava proprio la firma dell'ex funzionaria. Questa ha candidamente replicato di essere la persona meno adatta per rispondere, non essendo mai entrata in un'aula scolastica.

Un capodipartimento del Miur, dunque, è, per sua stessa ammissione, la persona meno adatta a parlare di ciò che accade in classe. Tra i tanti paradossi della scuola, ecco quello che è forse il paradosso più grande: chi emana linee guida e circolari, le quali indicano a circa un milione di persone in servizio in tutta Italia strategie da attuare e fini da perseguire, non ha mai avuto l'esperienza diretta (se non come studente, immagino) di cosa accade quotidianamente in classe.

Tutte le indicazioni oggi in vigore nella scuola sono frutto del lavoro di commissioni composte da varie figure di studiosi. Ci sono pedagoghi, psicologi, psicoterapeuti, psicopedagogisti, docenti e ricercatori universitari a iosa, ci sono anche docimologi (vuoi mettere, le conoscenze del docimologo!), insomma, ci sono esperti di ogni tipo, accomunati tutti però da una caratteristica: non avere alcun legame e non sapere nulla della scuola reale. I pochi docenti e/o dirigenti presenti in tali commissioni provengono quasi tutti dal mondo sindacale: sono, di fatto, nelle stesse condizioni degli esperti di cui sopra. In sostanza, per organizzare la scuola sono stati interpellati tutti, mancano soltanto quelli che la scuola la conoscono perché la vivono tutti i giorni.

Intendiamoci, tale paradosso può sorprendere l'uomo della strada, non certo chi nella scuola ci lavora. Eppure, averne la conferma dalla viva voce da una rappresentante dei vertici del Miur, devo ammetterlo, mi ha colpito. Come se un'industriale dicesse di non essere mai entrato in una catena di montaggio della propria fabbrica o se un banchiere ammettesse di non avere la minima idea di come funziona una filiale della propria banca.

Il prosieguo del dibattito ha offerto un ulteriore spunto di riflessione, allorché è capitato a discorso un eclatante caso di bullismo di un allievo nei confronti di un docente avvenuto qualche giorno prima. "È stato un fatto che mi ha sconvolto", ha commentato l'ex capodipartimento, "faticavo a crederci, mi sono domandata come abbiamo fatto ad arrivare a questo punto."

Per un attimo mi è sembrato che si facesse strada in lei uno spiraglio di consapevolezza, un'occasione per dubitare della validità della metodologia e della didattica dell'ultimo ventennio. Ho avuto la sensazione che fosse sul punto di dire: "forse abbiamo sbagliato tutto, forse dobbiamo ripartire da zero". Invece, il suo senso di spaesamento è durato qualche secondo appena. Immediatamente ha sbarrato le porte al dubbio. Se succedono queste cose, ha quindi proseguito, significa che dobbiamo fare di più. Non altro, di più. Quindi, avanti tutta sulla stessa rotta. Senza nemmeno ammettere la possibilità che al punto in cui siamo arrivati, ci siamo arrivati proprio seguendo quella rotta.

Ma chi nella scuola ci lavora sa che l'alunno che picchia il docente o l'alunno che gli lancia una sedia non sono episodi eccezionali e imprevedibili, bensì rappresentano solo la punta dell'iceberg. Chi ogni giorno entra in classe, soprattutto nelle tante scuole situate in contesti difficili, le cosiddette scuole di frontiera (che poi la frontiera si va sempre più avvicinando al centro), sa che a fronte dei pochi episodi che finiscono sui giornali, vi è la quotidiana manifestazione di mancanza di rispetto verso l'intero personale scolastico e l'istituzione, e se i casi eclatanti rimangono pochi, è solo in virtù della resilienza dello stesso personale, della sua capacità di ignorare le provocazioni e di evitare lo scontro, spesso fingendo di non sentire e non vedere. Ma tutto ciò lo sa, per l'appunto, chi ogni giorno entra in classe, non certo chi in classe non ci è più entrato da quando ha finito il liceo.

Oggi, dopo i due anni dell'emergenza Covid, i toni sensazionalistici della stampa nazionale trasmettono all'opinione pubblica una sorta di effetto deformante della realtà scolastica. Sembra che i mali della scuola siano riconducibili tutti alla didattica a distanza, dimenticando quanto essi siano atavici, radicati e profondi. Non a caso, man mano che si ritorna alla normalità, vanno riemergendo tali e quali a come li avevamo lasciati nella primavera di due anni fa.

1. Sistemi pedagogici che vanno per la maggiore

Partiamo dagli Stati Uniti. Per parlare di noi dobbiamo necessariamente partire da oltreoceano. Può sembrare strano, ma così è.

Nel 1957 l'Unione Sovietica lancia in orbita lo *Sputnik*, il primo satellite artificiale. Nel clima della guerra fredda l'episodio rappresentò una sorta di trauma nazionale per la società americana, che di colpo si scopriva in ritardo rispetto al nemico. Il successo dei sovietici nella corsa verso lo spazio autorizzava a credere, o come tale fu letto, che la loro ricerca scientifica procedesse in maniera più spedita, potendo evidentemente contare su un sistema di istruzione più efficace di quello americano. Per comprendere il motivo del ritardo e per sviluppare un sistema di istruzione capace di raccogliere la sfida, il governo americano promosse la Conferenza di Woods Hole. Nella località del Massachusetts si riunì così nel 1959 la *crème* della cultura americana. A presiedere i lavori fu chiamato Jerome Bruner, massimo esponente del cognitivismo ed esperto di psicologia dell'educazione.

I risultati di tale conferenza furono poi pubblicati dallo stesso Bruner nel volume *The Process of Education*, testo di riferimento della pedagogia del Novecento. A Bruner si devono concetti con i quali tutti i docenti hanno avuto a che fare, in verità più in fase di formazione e/o preparazione ai concorsi che nell'attività didattica quotidiana: idee fondanti, curricolo a spirale, transfer positivo, *scaffolding*, *problem solving*, ecc.

Le nuove teorie aggiornarono il sistema di istruzione americano fino ad allora basato sulle idee di Dewey, che oltre cinquant'anni prima aveva a sua volta rivoluzionato la pedagogia creando le scuole attive. Nello stesso tempo le teorie di Bruner aprirono la strada a quella che in ambito educativo sarà la corrente dominante della seconda metà del Novecento: il costruttivismo. O, come usano dire gli addetti ai lavori, i costruttivismi, per indicare la pluralità di indirizzi che in tale ambito sono stati espressi.

Si tratta di teorie molto seducenti, non a caso riscuotono grande successo. L'idea di fondo è la conoscenza come costruzione soggettiva. Non serve chiedersi e non ha importanza quanto tale costruzione sia aderente alla realtà esterna, ciò che conta è quanto essa sia valida e funzionale alle esigenze del soggetto. Secondo la trasposizione didattica di tale modello, dunque, lo studente diventa artefice del suo percorso scolastico, diventa costruttore della propria conoscenza. Che detto così – non si può negare – fa un certo effetto. Viene da pensare a un giovane Leopardi che si aggira curioso nella biblioteca paterna. Un giovane Leopardi calato nel presente, che impara attraverso il *cooperative learning*, l'insegnamento tra pari, i giochi di ruolo, ecc. Il docente, invece, si defila, si sposta un po' sullo sfondo. Gli viene ritagliato un ruolo di facilitatore, colui cioè che accompagna e guida lo studente nel suo personale viaggio verso la conoscenza, pronto a rispondere a ogni sua domanda e ad assecondarne le curiosità. Se dunque gli rimane il compito di indicare la strada, predisponendo prove e percorsi stimolanti, tocca poi all'alunno scegliere su cosa soffermarsi e cosa approfondire. Più che il miglior metodo possibile, si direbbe proprio il metodo ideale. Chi non avrebbe voluto studiare seguendo i propri interessi, con un docente a disposizione pronto a esaudire ogni suo desiderio di conoscenza?

Presupposto di tale metodo, tuttavia, è che ogni studente sia animato dal desiderio di conoscere, abbia delle inclinazioni e la volontà di seguirle. Se poi nel contesto didattico viene fuori, come sovente viene fuori, che molti studenti non mostrano né particolari attitudini né grande volontà, non è contemplata la possibilità che ne siano sprovvisti. Significa solo che i docenti (la scuola) non sono stati in grado di farle emergere.

Riepilogando. Agli inizi del Novecento la pedagogia di Dewey introduce il modello delle scuole attive. Nella metà del secolo Bruner rinnova il sistema di istruzione americano. Nei decenni successivi il costruttivismo porta ulteriori innovazioni. Ciò non vuol dire che una teoria soppianti l'altra, bensì che la nuova sviluppa e integra la precedente. Tra Dewey, Bruner e costruttivismo, infatti, non c'è soluzione di continuità. Permane l'idea portante di una didattica incentrata sull'alunno. L'evoluzione di queste teorie consiste in un progressivo accentuarsi del ruolo attivo svolto dall'alunno nel contesto di apprendimento, fino a divenire *in toto* artefice della propria conoscenza.

Questa corsa all'innovazione mira al raggiungimento di un metodo didattico in grado di garantire a tutti gli alunni l'apprendimento ottimale. Negli Stati Uniti, in altri termini, la didattica è entrata a pieno titolo nel novero delle scienze esatte.

Chi muove da un approccio umanista, pensando che la didattica sia uno di quei settori nei quali c'è ben poco da inventare, è destinato a essere bollato come conservatore. Serve a poco ricordare che già nella seconda metà dell'Ottocento il pedagogo Aristide Gabelli evidenziava l'importanza del metodo: "L'insegnante deve stare lontano dall'istruzione parolaia e dogmatica e mirare a formare le teste". O che nel Seicento Comenio con la sua *Didactica Magna* ne enunciava i principi fondamentali: democraticità dell'istruzione, interdisciplinarità e coinvolgimento attivo dello studente. O che Ignazio di Antiochia nel II secolo d.C. ne aveva sintetizzato il senso in due righe: "Si insegna con ciò che si dice. Meglio, si insegna ciò che si fa. Meglio ancora, si insegna con ciò che si è".

Serve a poco spingersi fino a Socrate. Sembra che nella visione delle magnifiche sorti progressive della dottrina non possiamo accontentarci di concetti formulati secoli addietro, abbiamo bisogno di "novità". Si direbbe che il consumismo abbia contagiato anche le idee. Un po' come si cambia l'*iPhone 10* perfettamente funzionante con l'*11*, sembra che anche le idee debbano rinnovarsi, o per meglio dire, assumere la parvenza della novità con lo stesso ritmo. Alla fine, infatti, così come l'*iPhone 11* è, nella sostanza, la stessa cosa del *10*, la nuova teoria non aggiunge niente alla precedente. La cosa fondamentale è che tutto il creato partecipi del circolo virtuoso del consumo. E la virtù americana per antonomasia – si sa – è proprio quella di vendere beni di consumo.

In questo modo, cose risapute da sempre, principi di buon senso cristallizzati in un detto o in un proverbio, negli Stati Uniti diventano "teorie scientifiche" che vengono poi diffuse come prodotti originali, in virtù di quel mix di ingenuità, pervicacia e presunzione, che fa sì che ogni americano si senta nel suo piccolo uno scopritore dell'America.

Se noi diciamo che qualcuno può essere portato per una disciplina o per un'altra, per Bloom esiste un talento in ogni studente. Se da noi, fin dal Quattrocento, per imparare l'arte si andava a bottega, e di tanto in tanto veniva fuori un Leonardo o un Botticelli, negli Stati Uniti compare il *learning by doing*, dal quale usciranno tutti Leonardo o Botticelli.

Il peccato originale di queste e di tante altre "teorie" americane non attiene tanto ai loro contenuti, che in molti casi, o anche nella maggior parte dei casi, non sono campati in aria, trattandosi per l'appunto di concetti di buon senso, quanto alla loro pretesa scientificità e alla conseguente illusione che siano valide e applicabili su tutti gli studenti. L'errore è pensare che si possano realizzare in maniera intensiva, come se si trattasse di nuove tecniche per coltivare mais o pomodori. Il problema non sono le teorie, quanto la loro pretesa universale efficacia, la visione, per così dire, industriale della pedagogia (ma – anche questo è risaputo – negli Stati Uniti ogni ramo dell'attività umana diventa industria), nella quale il progressivo perfezionamento del metodo di insegnamento permetterà di pervenire a un metodo valido sempre e comunque. Un approccio tipicamente americano, ma fondamentalmente estraneo alla nostra cultura, nella quale, come affermava Gino Capponi nella prima metà dell'Ottocento, "l'educazione è un'arte, più che una scienza".

C'è una pellicola che tra noi docenti di tutte le età – ma, credo di poter dire, anche tra gli estensori di linee guide del Miur – ha fatto strage di cuori. Una sorta di *Via col vento* della scuola che ci ha fatto sognare di poter salire sulla cattedra, anche a rischio dell'incolumità fisica, non essendo ahimè tutti dotati della medesima agilità del protagonista. Mi riferisco ovviamente a *L'attimo fuggente*. Film anticonformista che, come tutti i film della *Disney*, non poteva non piacere a tutti, tanto più che è uscito in un'epoca in cui il *think different* si avviava a essere il nuovo conformismo.

Tuttavia, un'analisi distaccata del film impone di prendere atto che la combinazione di prof eccellente con alunni eccellenti è più l'eccezione che la regola. E pur date le migliori condizioni, non puoi trasformare la metodologia dell'eccellenza in pratica diffusa. Già non succede nel film, figuriamoci nella realtà.

A chi gli faceva notare che la catena di montaggio è un'attività alienante, Ford – lo stesso Ford che i corsi di formazione per dirigenti scolastici propongono come primo esempio di manager moderno – rispondeva che ad alcune persone può sembrare insopportabile ripetere lo stesso gesto per ore, tutti i giorni dell'anno, ma per la maggior parte della gente le operazioni ripetitive non hanno nulla di deprecabile. Anzi, è il tipo di lavoro che li appaga maggiormente. Poiché, continuava Ford, la maggior parte delle persone non ama pensare e prendere decisioni. Solo un'esigua minoranza vuole un lavoro in cui sia fondamentale pensare.

Bisognerebbe dunque interrogarsi se le considerazioni di Ford siano valide solo per la società del primo Novecento, oppure se valgano oggi come ieri. Perché le *Indicazioni* e le *linee guida* della nostra scuola hanno senso solo se è vera la prima ipotesi, visto che presuppongono la capacità di sviluppare un pensiero critico in tutti gli studenti. Se invece è vera la seconda ipotesi, come buon senso e realtà circostante indurrebbero a ipotizzare, allora ne deriva che *Indicazioni* e *linee guida* muovono da presupposti del tutto privi di fondamento.

Ma le discussioni lasciano il tempo che trovano, ognuno può avere le proprie convinzioni, ciò che fa testo sono i risultati. Nessuno, credo, nemmeno il più irriducibile paladino della tradizione, avrebbe nulla da obiettare di fronte all'evidenza dei risultati. Quelli attesi da una teoria pedagogica efficace sono una buona qualità della formazione e un conseguente miglioramento del livello di apprendimento medio della popolazione.

Ebbene, a distanza di circa un secolo dall'introduzione delle scuole attive di Dewey e di oltre mezzo secolo dalle innovazioni portate da Bruner, le statistiche ci dipingono un quadro ben diverso da quello che tanta alacre produzione pedagogica avrebbe reso lecito attendersi.

Qualche dato sparso. Secondo una ricerca del *National Geographic*, il 63% dei giovani americani non sa, dopo un decennio di guerra, dove si trovi l'Iraq; il 50% non sa localizzare sulla cartina lo stato di New York; il 30% ritiene che la popolazione statunitense sia tra uno e due miliardi. Secondo un sondaggio *Gallup*, quasi la metà degli americani crede nel creazionismo (Dio avrebbe creato gli uomini come sono oggi circa diecimila anni fa), il 35% pensa che Dio sia intervenuto direttamente nel processo di evoluzione (come? con dritte? suggerimenti?) e solo il 15% crede nell'evoluzionismo. Sembra, infine, che cinque milioni di americani, in prevalenza giovani, siano convinti che la terra sia piatta. Precisiamo, per inciso, che l'85% degli studenti americani perviene al diploma di scuola secondaria superiore. Si parla di gente che ha studiato, in sostanza.

Ora, non si vuol dare la colpa a Bruner e colleghi se gli americani vanno allegramente scivolando lungo la china dell'ignoranza, molti altri fattori avranno contribuito a ciò, ma mi pare che si possa se non altro affermare con ragionevole certezza che quelle rivoluzionarie teorie pedagogiche non abbiano inciso granché nel migliorare il livello di istruzione del paese. Se fossero state veramente quei toccasana che pretendevano essere, i risultati sarebbero stati ben diversi.

Non cambia molto la situazione in altri paesi occidentali che le medesime impostazioni pedagogiche hanno adottato. Metà degli studenti tedeschi tra i 15 e i 16 anni – per fare un esempio significativo – non sa che Hitler era un dittatore, mentre un terzo pensa che durante il suo governo i diritti umani non furono particolarmente violati.

Dice Von Glasersfeld, uno dei principali esponenti del costruttivismo: "Quando una realtà mi viene spiegata da un soggetto, più che comprendere qualcosa circa la realtà spiegatami, comprendo maggiormente come il soggetto vede quella realtà, più che conoscere la realtà, finisco per conoscere il soggetto che la descrive".

Ecco: quando mi vengono presentate le idee della pedagogia costruttivista, più che vedere la loro utilità concreta, vedo i valori che guidano chi le ha formulate. Valori pienamente condivisibili, per carità, valori intrisi di democraticità e ottimismo, ma che per essere tradotti in pratica didattica postulano presupposti che esistono soltanto nella minoranza degli studenti. O, per meglio dire, in un'esigua minoranza. Quella di cui parlava Ford.

2. Viaggio al termine della scuola

Veniamo a noi, a come sono cambiati i modelli pedagogici della scuola italiana negli ultimi decenni. I tre principali indirizzi della pedagogia americana del XX secolo (Dewey, Bruner, costruttivismo), che, come detto, non sono tra di loro incompatibili, ma si sviluppano piuttosto in un ideale *continuum*, li ritroviamo nelle *Indicazioni nazionali per la scuola dell'infanzia e del primo ciclo* della riforma Moratti, in quelle del 2007 del ministro Fioroni e in quelle, attualmente in vigore, emanate nel 2012 dal ministro Profumo. Una sorta di *viaggio al termine della scuola* lo si potrebbe definire, alla luce delle condizioni attuali delle nostre istituzioni scolastiche.

Dunque, le *Indicazioni* contenute nel D.Lgs. 59/2004, primo decreto attuativo della Riforma Moratti del 2003, sono il frutto del lavoro di una commissione guidata dal prof. Bertagna. "Il principio ispiratore della riforma" è che l'alunno "non dovrà più rendere conto delle nozioni acquisite, ma avrà imparato facendo [*learning by doing*]".

Come si sa, uno dei bersagli principali dei cambiamenti effettuati negli anni Settanta era il nozionismo, cioè l'insegnamento fondato solo sulla quantità di nozioni apprese. A distanza di quasi mezzo secolo, sembra che continui a esserlo. Anzi, nella foga si è finito col combattere anche le nozioni, cioè le conoscenze. Che poi, come ha osservato giustamente qualcuno, cosa dovrebbe insegnare la scuola se non nozioni? Invece, come spesso e volentieri succede nella normativa scolastica, da un estremo si passa all'altro. Da una scuola interamente basata sulle nozioni a una scuola nella quale le nozioni vengono messe all'indice.

Il messaggio enunciato nelle suddette *Indicazioni* è che non esistono saperi via acquisire che siano più degni di altri. Messaggio quanto meno opinabile. Dobbiamo dedurne che

Ovidio e Pitigrilli stiano sullo stesso piano?

In un successivo articolo, *Tutorato e tutor nella Riforma*, lo stesso Bertagna illustra i riferimenti pedagogici che stanno alla base della suddetta riforma, identificando, in particolare, due modelli principali: l'idealtipo comeniano e l'idealtipo rousseauiano. Il primo rappresenterebbe l'emblema del sapere trasmissivo; l'altro, invece, del modello personalizzato.

Secondo Bertagna, il modello trasmissivo è da bandire "perché la scelta sarebbe di potere, e non di autorità educativa: si finirebbe per trasmettere ciò che fa comodo a chi è potente e comanda". Non è chiaro, e non viene detto, quali vantaggi potrebbe trarre chi comanda dal modificare i programmi di fisica, scienze o matematica, e soprattutto in che modo potrebbe modificarli, cioè quale altra fisica, quali altre scienze o quale altra matematica insegnare per curvarle al proprio tornaconto. Né vengono portati degli esempi per italiano o storia. Forse Foscolo è più comodo al potere rispetto a Monti? O Manzoni rispetto ad Aleardi? O i Fenici rispetto ai Cretesi? Mah…

Il principio della personalizzazione dell'insegnamento enunciato poi nelle suddette indicazioni sarebbe in teoria meritorio. Presuppone un'attenzione particolare a quelle che possono essere le esigenze e/o le inclinazioni dello studente, anche se il ragionamento portato a suo sostegno risulta un po' azzardato, rasentando il solipsismo:

"Non c'è un contenuto astratto uguale per tutti che si possa poi trasmettere individualmente nel tempo e nello spazio non solo con il medesimo senso, ma anche con lo stesso significato. Infatti, a smentire questa illusione, esiste, direbbero i neuroscienziati contemporanei, la plasticità di un pensiero che si ancora perfino biologicamente a cifre eloquenti: un cervello con 10_° neuroni, 10__ di connessioni o sinapsi, ognuna delle quali ha almeno 10 stati, per un totale di 10_°°°°°°°°°°°°° configurazioni possibili."

In verità, tali numeri non smentiscono un bel niente. Fino a prova contraria, anche terrapiattisti e complottisti hanno la medesima dotazione di neuroni e sinapsi, ma oso credere che formazione personalizzata o non personalizzata, cambierebbe poco.

Il modello di riferimento, cioè quello rousseauiano, prevede che l'insegnamento si adatti ai bisogni dello studente. "Se il soggetto preferisce la collaborazione o il lavoro di gruppo, allora bisogna adottare quel modello". Il punto è che in una classe i soggetti sono 20, 25 o anche 30, che possono preferire o essere predisposti verso strategie diverse. Trasferirlo in una classe è un po' più complicato che formularlo a parole, nonché decisamente più costoso. Forse non si tiene sufficientemente conto che nel suo *Emilio* il filosofo ginevrino immaginava un rapporto di un precettore per studente, non di uno per trenta. Già questo, dunque, ci dà l'idea della distanza che separa la teoria dalla realtà

Ma a dispetto della sua impraticabilità, il concetto di personalizzazione introdotto dalla Riforma Moratti ha avuto successo. Inutile dirlo, anche in questo caso nella sua formulazione più radicale. Se, infatti, può essere sacrosanto valorizzare diversi stili d'apprendimento, pensare invece che in ognuno di noi ci sia un talento da tirare fuori è la solita americanata di cui si diceva prima, bella e generosa quanto si vuole, ma priva di fondamento.

La personalizzazione la ritroviamo nelle *Indicazioni* del 2012, dove si legge che "le finalità della scuola devono essere definite a partire dalla persona che apprende". L'alunno, si dice inoltre, deve assumere un ruolo attivo nel proprio apprendimento, sviluppare le proprie inclinazioni, esprimere curiosità, riconoscere ed intervenire sulle difficoltà, assumere consapevolezza di sé, ecc. Si muove dal postulato di cui sopra. Se alla fine del suo corso di studi lo studente non ha maturato alcun talento, non si ammette la possibilità che potesse non averne alcuno, ma vuol dire che la scuola ha fallito.

Se ne parla ancora nei DDPPRR del 2010 (riforma Gelmini), che riformano la scuola secondaria di secondo grado, mentre nel D.Lgs. 61/2017, sul quale ci si soffermerà più avanti, attuativo della Buona Scuola, assurge addirittura a pilastro costitutivo dei nuovi professionali.

Il culmine viene però raggiunto con la Nota 1143/2018, nella quale si afferma che la scuola deve "cucire un vestito su misura" per ogni studente. Una formulazione che da un punto di vista strettamente estetico risulta quasi poetica. In una frase si riesce a racchiudere la cura, la passione e l'attenzione per i dettagli che animano o dovrebbero animare l'insegnamento.

Senonché, questo progressivo affinamento del concetto di personalizzazione non è andato di pari passo con l'incremento delle risorse economiche destinate alla scuola, le quali, al contrario, sono costantemente diminuite. Locuzione ricorrente, allorché si parla di introdurre nuove pratiche, è infatti: "senza ulteriore aggravio per le finanze pubbliche". Un po' come, per rimanere nello stesso ambito metaforico della Nota del 2018, chi si reca in un centro commerciale esigendo che là dove fino al giorno prima ha comprato un vestito di fabbricazione industriale pretenda di acquistare al medesimo prezzo un vestito di sartoria.

Ugualmente ambizioso (e ugualmente avulso dalla realtà) è il disegno concepito nelle *Indicazioni* del 2007. Ispiratore del documento redatto dal prof. Ceruti è il sociologo e filosofo francese Edgar Morin. La visione complessa della società e del mondo di Morin evidenzia come il XX secolo abbia mostrato i limiti della conoscenza scientifica, per cui l'obiettivo della scuola non è tanto trasmettere certezze, quanto far maturare negli allievi la capacità di confrontarsi con l'ignoto e l'incerto.

Le *Indicazioni* sono inoltre ricche di riferimenti di vario tipo: la casa dei bambini di Montessori, i *kindergarten* di Frobel, il funzionalismo di Claparède e le teorie di Piaget, il costruttivismo di Von Glasersfeld, il *learning by doing* di Dewey, il puerocentrismo delle scuole nuove e dell'attivismo, l'*insight* di Kohler, l'apprendimento per scoperta di Bruner... Per farla breve, sono riusciti a infilarci dentro tutta la pedagogia mondiale degli ultimi tre secoli.

L'eterogeneo miscuglio mira a mettere il dubbio al centro dell'azione didattica. Oltre che – verrebbe da dire – nella mente dei docenti. Un tale approccio, tuttavia, pone alcuni interrogativi che rinviano alle questioni sopra esposte sui "talenti" di Bloom e sulle speculari considerazioni di Ford: quanto tale impostazione si confaccia a una scuola di massa, quanto sia ragionevolmente percorribile e, soprattutto, quanto sia utile per la crescita umana e cognitiva di alunni del primo ciclo, ai quali risultano forse più utili punti di riferimento precisi, piuttosto che dubbi.

Ma a questo punto gli "esperti" procedono ormai a briglie sciolte. Nessuno li può fermare. In corsa entrano pure riferimenti al filone metacognitivo di pensatori come Flavell e Brown. Si dovrebbe promuovere – parliamo sempre degli alunni del primo ciclo – "la consapevolezza del proprio modo di apprendere". L'alunno dovrebbe capire non solo quali sono i temi per i quali è maggiormente portato, ma anche il modo attraverso cui apprende meglio.

Anche qua, che dire... lo staff dell'allora ministro Fioroni avrà pensato che con così tanti santi protettori tirati giù dall'olimpo della pedagogia il fallimento sarebbe stato esorcizzato.

Il ragionamento fatto prima per gli Stati Uniti vale ovviamente anche per noi. Sarebbe dunque utile verificare, nel quadro di una valutazione globale del sistema scuola e delle nuove metodologie didattiche, cosa sappiano e quali competenze abbiano maturato i giovani che hanno ultimato il loro percorso di studio negli ultimi decenni. In altri termini, cercare di capire che cittadini stiamo formando.

Allo stato attuale, non ci sono studi e/o ricerche promosse dal Miur che valutino i risultati dell'applicazione di tali riforme, che hanno fatto della scuola, almeno dal punto di vista della produzione normativa, il settore di gran lunga più dinamico della nostra società.

Intanto, disponiamo di dati raccolti qua e là. Secondo la classifica redatta da IPSOS Mori nel 2017, gli italiani sono il popolo più ignorante d'Europa e il dodicesimo del mondo. Secondo una ricerca condotta nel 2018 dall'istituto *EumetraMR*, un laureato su quattro non sa cosa si festeggia il 25 aprile. Diminuisce la percentuale degli adolescenti che hanno letto un libro nell'ultimo anno: sono poco più di quattro su dieci.

All'indomani dell'unità d'Italia, Villari affermava che il paese aveva un nemico più potente dell'Austria: l'ignoranza derivante dall'analfabetismo che raggiungeva il 70%. Ebbene, l'indagine PIAAC-OCSE del 2013 rivela che il 70% dei cittadini italiani non possiede le competenze minime [*minime*, è bene sottolinearlo] ritenute indispensabili per poter vivere da cittadini consapevoli nel XXI secolo. Cioè lo stesso identico livello rilevato nel 2004, che poi, *mutatis mutandis*, è lo stesso del 1861.

Sono evidentemente cittadini che hanno frequentato la scuola italiana. Più in particolare, tutti coloro che hanno meno di cinquant'anni non hanno conosciuto nemmeno i residui della scuola autoritaria (spazzata via dalla L. 517/1977), tutti coloro che ne hanno meno di 30/34 hanno conosciuto la scuola dell'autonomia, varata nel 1999, che avrebbe dovuto rivoluzionare l'istruzione. La Legge 53/2003, la cosiddetta Riforma Moratti, poneva esplicitamente tra i suoi obiettivi lo sviluppo di una coscienza storica. Dal 2004 a oggi sono passati 17 anni. Ciò significa che gli alunni che hanno frequentato la scuola secondaria inferiore con questi programmi oggi hanno 27/30 anni e quelli che hanno frequentato tutto il primo ciclo hanno tra i 21/26 anni. Ora, è chiaro che se un quarto dei laureati non sa cosa sia la Resistenza, se metà dei diplomati non sa chi sia Aldo Moro e nulla sa del muro di Berlino, vuol dire che qualcosa non ha funzionato come previsto. Qualche dubbio sull'efficacia delle nuove metodologie introdotte pare giustificato. Non solo, infatti, l'alunno non rende conto delle nozioni acquisite, secondo l'auspicio di Bertagna, ma non mostra nemmeno di avere imparato granché.

In concomitanza con la pubblicazione dei risultati delle prove Invalsi 2021 un quotidiano nazionale titolava con una certa enfasi "Disastro Dad", ma mai titolo fu più campato in aria. Si può capire che la scuola non fosse oggetto di particolari attenzioni giornalistiche e che quindi nessuno se ne fosse accorto, ma i risultati delle prove Invalsi peggioravano già di anno in anno da ben prima che arrivasse la Dad.

3. Una scuola di tutti e di ciascuno

Il principio di fondo adottato dalla Commissione Bertagna è quello della scuola di tutti e di ciascuno, secondo il quale deve essere la scuola ad adattarsi all'alunno, non il contrario. Un principio introdotto una decina di anni prima dalla *Carta di Lussemburgo*, in riferimento all'accoglienza degli alunni disabili. Con la Riforma Moratti e poi con le *Indicazioni* successive viene adottato per *default*, vale cioè per tutti gli alunni. Tuttavia, anziché integrare il principio secondo cui l'alunno deve adattarsi alla scuola, nella visione manichea ministeriale lo ha rimpiazzato.

Ma se è giusto che la scuola si adatti all'alunno, nel senso di coglierne e valorizzarne l'individualità, ciò non dovrebbe escludere che l'alunno debba, a sua volta, adattarsi alla scuola. L'ingresso a scuola, infatti, dovrebbe costituire per il bambino il momento nel quale entra a far parte di un contesto diverso rispetto a quello nel quale è fino ad allora vissuto. Si tratta per lui del primo esperimento di vita sociale, che implica la necessità di conformare il proprio comportamento a nuove regole e di riconoscere un'autorità e riferimenti diversi da quelli familiari.

Invece, anziché correggere una distorsione del sistema, attenuando la rigidità dell'organizzazione in modo da favorire un'armonica integrazione nel nuovo contesto, si capovolge tutto, creando una distorsione di segno opposto.

Eppure, non serve una laurea in psicologia per capire come sia ugualmente importante per la crescita dei ragazzi richiedere loro uno sforzo di adattamento a una realtà esterna diversa da quella familiare, anche alla luce di una considerazione alquanto elementare, e cioè che una volta usciti dalla scuola non sarà certo il mondo esterno ad adattarsi a loro.

Se la scuola deve innanzi tutto svolgere una funzione

formativa, il suo obiettivo ultimo è proprio quello di preparare il giovane a far parte della società. Non chiedere all'alunno alcuno sforzo di adattamento significa considerarlo un soggetto non responsabile. Abbastanza paradossalmente, l'alunno viene riconosciuto come soggetto attivo da tutte le linee pedagogiche adottate, ma se non apprende è colpa della scuola che non è riuscita a mettere in atto una strategia efficace e se non rispetta le regole è sempre colpa della scuola che non ha saputo adattarsi alle sue caratteristiche. Insomma, soggetto attivo sulla carta, soggetto passivo nei fatti. Niente di cui stupirsi, poi, di ciò che leggiamo sui giornali. "Studente lancia banco dalla finestra"; "Bambina vittima di bullismo in una scuola elementare"; "Alunno entra con la vespa in classe"; ecc.

Casi eclatanti di cronaca quasi sempre accompagnati dalla spiegazione-giustificazione di docenti e/o dirigenti, spesso essi stessi vittime dei bulli: "non si rendono conto", "non hanno percezione della realtà", "non capiscono la portata delle loro azioni", ecc.

Bene, sul fatto che non si rendano conto, mi pare che non ci sia motivo di dissentire. Idem sul fatto che non abbiano percezione della realtà e della portata delle loro azioni. Ma la domanda è un'altra: come è possibile che dopo più di dieci anni trascorsi a scuola questi ragazzi non abbiano sviluppato la capacità di rendersi conto? Cosa hanno imparato esattamente?

Un episodio esemplare di questa diffusa tendenza al "giustificazionismo" tratto dalla cronaca recente. In un liceo romano gli alunni posano per la foto di classe facendo il saluto nazista. La dirigente scolastica risponde al clamore suscitato dicendo che si trattava di "una goliardata". Dichiara, testuali parole: "il saluto era fatto per puro intento giocoso". L'episodio è accaduto a Roma in una scuola situata a due chilometri di distanza dalle Fosse Ardeatine. Venti minuti a piedi. "Puro intento giocoso". Ora, si può capire il dovere di tutelare il buon nome della scuola, si può pure capire il desiderio di proteggere i ragazzi, che viaggiano comunque sui diciott'anni... ma... però...

Sono ragazzi arrivati all'epilogo di un percorso formativo

cominciato tredici anni prima, quando sono stati accolti in una scuola attenta a evitar loro il seppur minimo disagio e a farli sentire come a casa, perché la scuola negli ultimi decenni si è sempre più venuta a configurare come una sorta di propaggine di famiglie iperprotettive. Non sia mai che il bambino debba sentirsi dire un "no"; non sia mai che venga redarguito per un atteggiamento scorretto.

Ma non dovrebbe il bambino imparare che esistono luoghi diversi da casa e che non ci si può comportare ovunque come a casa propria?

Eppure, basta scorrere le varie indicazioni del Miur relative alla scuola dell'infanzia e a quella del primo ciclo, per rendersi conto di come in tali documenti non compaiano mai riferimenti alla necessità di riconoscere l'autorità dell'insegnante e a sanzioni per atteggiamenti non conformi alle regole. Viene detto che il bambino deve apprendere fin dal suo ingresso nella scuola a rapportarsi con gli altri e a vivere la socialità nel rispetto delle regole. Ma, come si desume tra le righe, tutto ciò deve avvenire senza forzature, in maniera naturale.

Se dunque lancia un calamaio in testa alla maestra, gli si spiega pacatamente e *veltronianamente* che un calamaio in testa fa male e che a causa di ciò la maestra è finita all'ospedale. E se lo lancia in testa anche alla supplente, gli si spiega, sempre con le medesime modalità sopra esposte, che il calamaio fa lo stesso effetto anche sulla testa della supplente. Ma senza alzare la voce, senza innervosirsi, perché anche una sgridata, anche un tremito di ciglia può essere fonte di stress, e ogni potenziale forma di stress dev'essere bandita.

Questo modello iperprotettivo, mutuato dalle famiglie, si è tradotto in una scuola dove di fatto le regole hanno cessato di esistere. Una scuola che sembra voler creare intorno al bambino un ambiente assolutamente asettico, tale da prevenire ogni possibile emozione negativa. Una sorta di campana di vetro all'interno della quale il bambino cresce senza avere cognizione degli effetti delle proprie azioni.

Tale approccio educativo, che negli ultimi anni ha toccato le sue forme più estreme, dovrebbe tuttavia fare i conti col fatto che l'osservanza delle regole, il rispetto degli altri e il riconoscimento dell'autorità non sono apprendimenti scontati, e il loro mancato raggiungimento si manifesta con una serie di condotte destinate a diventare sempre più preoccupanti con la crescita.

Proteggere il bambino da ogni minima situazione potenzialmente frustrante non sembra la soluzione migliore per favorirne la maturazione, che passa anche per la capacità di elaborare emozioni negative e situazioni stressanti. Non si vuol dire che debba essere sottoposto a chissà quali prove o catapultato sul set di *Full metal jacket*, ma questa attenzione ossessivamente focalizzata su ogni possibile fonte di stress, come se l'infanzia fosse un terreno minato che la famiglia a casa e i docenti a scuola devono continuamente bonificare, come se il trauma fosse in agguato in ogni momento della giornata, ecco, ciò temo che sia un tantino esagerato.

Le *Indicazioni* del 2007 affermano che "la centralità dell'alunno si esprime anche nella proposta educativa, che deve essere in costante relazione con i bisogni fondamentali e con i desideri dell'alunno".

Ecco, il fatto che ogni attività didattica debba rispondere ai desideri dell'alunno tende ad escludere la possibilità che egli possa fare qualcosa malvolentieri. Insomma, di senso del dovere, di fatica, di sacrificio, manco a parlarne. La possibilità di essere costretti a fare un esercizio non voluto o non apprezzato non è contemplata.

Ma quanto è formativo che un bambino si convinca di dover fare solo ciò che vuole fare o solo ciò che gli piace?

La sensazione è che la scuola abbia finito per adattarsi a genitori incapaci di gestire la propria responsabilità genitoriale, che assecondano i figli in tutto e per tutto, e che nella loro immaturità non sanno rapportarsi con loro se non come coetanei-amici.

4. Le bocciature

Questa pretesa di eliminare tutto ciò che potrebbe avere un impatto negativo sulla psicologia del bambino ha trovato una delle sue principali realizzazioni nella virtuale abolizione delle bocciature. Il presupposto è, ovviamente, che il bambino venga traumatizzato, finisca col sentirsi inferiore rispetto agli altri e smetta di studiare. Così, a partire dalla Legge 517/1977, la non ammissione alla classe successiva della scuola primaria viene prevista "soltanto in casi eccezionali su conforme parere del consiglio di interclasse... e sulla base di una motivata relazione". Dalla scuola primaria si è, di fatto, estesa alla secondaria inferiore e tende sempre più a estendersi anche alla secondaria superiore. Ormai, quando durante gli scrutini si paventa la bocciatura di un alunno, serpeggia una sorta di disagio tra i docenti, come se in fondo all'aula si materializzasse e avanzasse minaccioso verso di loro il fantasma del ricorso al Tar. D'altro lato, i dirigenti scolastici premono per non bocciare. Le direttive dicono che bisogna adempiere agli obiettivi europei di riduzione dell'abbandono scolastico. Siccome tale obiettivo non si riesce a conseguire migliorando l'apprendimento, l'unica strada percorribile diventa promuovere tutti.

Un decennio prima, Don Milani sintetizzava in tre le riforme necessarie per correggere la scuola italiana: 1) non bocciare; 2) doposcuola per chi è in difficoltà; 3) ai più distratti dare uno scopo.

Di queste tre riforme è stata attuata solo la prima, che, a differenza delle altre due, che comportano un aumento della spesa, determina un risparmio. Nello stesso tempo, realizzando questa, si sono indirettamente realizzate le altre due. Poiché non bocciando, non c'è bisogno di doposcuola e anche i più distratti possono proseguire tranquillamente il loro percorso scolastico.

In realtà, il ragionamento di don Milani muoveva da un contesto storico nel quale la bocciatura aveva un connotato meramente discriminatorio, mirava ad escludere l'alunno in difficoltà, quasi sempre proveniente da classi sociali subalterne, bloccando di fatto ogni possibilità di mobilità sociale. Non era la bocciatura in sé ad essere invisa al priore di Barbiana, bensì il fatto che, colpendo sistematicamente i più svantaggiati, si traducesse in uno strumento d'oppressione di classe. Ma nella scuola che si è messa alle spalle l'impostazione classista, don Milani sarebbe stato probabilmente contrario all'abolizione delle bocciature, sia perché tale abolizione non coincide con un miglioramento della preparazione, ma piuttosto con il contrario, sia, soprattutto, perché va a svantaggio della mobilità sociale. Un alunno che consegue la licenza media senza avere appreso nulla proverrà con molta probabilità da un contesto svantaggiato e sarà destinato a una scuola professionale o all'abbandono.

Secondo quanto riportato nel Rapporto SDGs 2019, "il tasso di abbandono è salito per il secondo anno consecutivo e si attesta, nel 2018, al 14,5%. In Europa, il calo dal 14,7% nel 2008 al 10,6% nel 2018 rappresenta un notevole progresso verso la quota del 10% fissata come obiettivo da Europa 2020. In Italia, nel 2018, il tasso di abbandono precoce è invece risalito al 14,5% tornando ai livelli del 2015." Nella maggior parte dei casi, si tratta di ragazzi che arrivano alle scuole superiori senza avere le conoscenze minime per affrontare il nuovo corso di studi.

Se dunque non ci si ferma alla lettera, ma si coglie lo spirito delle parole di don Milani, si capisce che non è sulla bocciatura in sé che bisogna soffermarsi, ma sulle motivazioni che ne stanno alla base e sui suoi effetti. Un'analisi giudiziosa della questione avrebbe portato alla conclusione che bisognava eliminare il carattere discriminatorio ed escludente della bocciatura, che era funzionale a una scuola classista. Il Miur invece, nel clima di sommovimento popolare dell'epoca, ha eliminato del tutto la bocciatura (populismo *ante literam*?). Si è così passati da una scuola in cui si bocciava a tutto spiano, a una scuola in cui non si deve più bocciare.

In questo passaggio da un estremo all'altro viene meno qualsiasi riflessione critica sulla questione. Perché se la bocciatura mira all'esclusione, se si pensa che la scuola boccia per liberarsi di qualcuno o per capriccio, è certamente sbagliata. Se invece ha un obiettivo formativo, se mira a ottimizzare i tempi di apprendimento che non sono uguali per tutti gli alunni (e in questo senso si sono espressi molti dei pedagoghi citati sopra), se mira a offrire all'alunno la possibilità di colmare fin dall'inizio le proprie difficoltà, che poi a quindici anni non potrà più colmare e finiranno per compromettere definitivamente la sua carriera scolastica e a fare di conseguenza di lui un cittadino di serie B, ecco, se la prospettiva è questa, il discorso cambia, diventa sbagliata la promozione.

D'altro lato, non si capisce perché in certi ambiti valga il principio secondo il quale ognuno è diverso ed ha bisogno di "un vestito su misura", mentre per altri aspetti tutto debba essere uniformemente scandito e tutti debbano indossare lo stesso vestito.

Il mito comunque da sfatare è che la bocciatura equivalga a scoraggiare la scolarizzazione di massa. Semmai, è vero il contrario. Nel suo libro *La cultura degli italiani*, Tullio De Mauro notava che nel 1999 la percentuale di italiani in possesso di un diploma si attestava al 42 percento, mentre in Francia, dove uno studente su tre aveva ripetuto almeno un anno, era al 62 percento. In via teorica, quindi, la bocciatura non equivale ad aumento dell'abbandono o ad un abbassamento del livello di istruzione né, tanto meno, a una selezione di classe. Nel determinare tali effetti entrano evidentemente in gioco altri fattori, primo tra tutti il valore attribuito all'istruzione.

A distanza di quasi venti anni la percentuale dei diplomati è aumentata di qualche decimale (42,7 nel 2018), mentre la percentuale dei laureati continua a essere in Italia esattamente la metà rispetto alla Francia (15,7 contro 30,9): riforme e controriforme di questi due decenni, nonché la quasi scomparsa delle bocciature nella scuola del primo ciclo, non hanno inciso in alcun modo. In Francia, dove nel frattempo (2013) la bocciatura è stata di fatto abolita, uno degli ultimi ministri pensava di reintrodurla, almeno nei casi più necessari per la formazione dell'alunno.

Non solo, quindi, non è detto che la bocciatura abbia un impatto negativo sul sistema di istruzione, ma i dati sopraesposti indurrebbero a pensare il contrario. Come la stragrande maggioranza delle cose, dipende dall'uso che se ne fa. Ciò che invece dovrebbe essere abbastanza chiaro è che la finalità costituzionale di promuovere l'uguaglianza, la scuola non la realizza consegnando a tutti un diploma, ma dando a tutti una buona preparazione. Si rimuovono gli ostacoli che impediscono il pieno sviluppo della personalità con l'istruzione, non con un pezzo di carta.

Al contrario, un impatto negativo, e non irrilevante, la bocciatura ce l'ha sul *budget*. In Francia, l'abolizione delle bocciature avrebbe comportato un risparmio di due miliardi di euro. Questi sì, sono argomenti solidi, e se la questione si affronta sotto il punto di vista economico, non c'è discussione che tenga. Non a caso qualche leader politico parla oggi di abolire le bocciature *tout court*: risparmio e facile consenso in un colpo solo, alla faccia di tutte le finalità costituzionali.

Qui ci dobbiamo fermare. Siamo arrivati al nocciolo del problema. Per gli obiettivi ambiziosi servono investimenti adeguati a tali ambizioni, nonché la reale volontà di conseguire tali obiettivi. Non si faccia però di necessità virtù, non si dica non bocciamo in nome del diritto all'istruzione. Se gli alunni che adempiono l'obbligo scolastico non arrivano spesso nemmeno al livello di quelli che un tempo finivano la quinta elementare, non si può affermare che si sia realizzata l'istruzione di massa. Si è piuttosto passati dall'istruzione per pochi all'ignoranza di massa, finendo così con l'avallare l'antica massima secondo cui "la via dell'uguaglianza si percorre solo in discesa: all'altezza dei somari è facilissimo instaurarla".

5. La pedagogia della campana di vetro

Tra le tante iniziative bizzarre della didattica contemporanea riconducibili a quella pedagogia che si potrebbe definire della "campana di vetro", merita di essere ricordata quella che propone l'abolizione dei compiti a casa. Siccome i compiti a casa sono "discriminanti" per gli alunni i cui genitori non hanno la preparazione necessaria a seguire i figli o le risorse economiche per pagare qualcuno che lo faccia, si aboliscono per tutti. Segue l'immancabile citazione *ad minchiam* di don Milani.

Peccato che ponendo lo stesso problema, don Milani nella sua *Lettera*, anziché mettere tutti nelle condizioni dei più svantaggiati, fornisca la soluzione opposta, cioè supportare questi ultimi attraverso il doposcuola. I suoi ragazzi, a scanso di equivoci, studiavano per l'intera giornata, sette giorni su sette.

Eliminare i compiti poi, secondo costoro, consentirebbe agli alunni di trascorrere più tempo con i loro genitori. Come se fosse difficile rendersi conto che chi non fa i compiti è proprio perché abbandonato a sé stesso, o perché i genitori lavorano, o perché hanno altro da fare. Ci vuole molto per immaginare che il tempo risparmiato sui compiti finirebbe per essere tempo in più dedicato alla televisione, ai social e ai videogiochi?

Si costruiscono sillogismi quanto meno dubbi. Siccome dalle rilevazioni internazionali risulta che il sistema di istruzione finlandese sia il migliore del mondo e siccome in esso sono stati aboliti i compiti a casa, se ne trae la "verità scientifica" che abolire i compiti sia la strada per raggiungere gli stessi risultati. Trascurando un dettaglio non secondario, e cioè che il sistema finlandese possa essere il migliore del mondo perché si trova in Finlandia, non perché abbia abolito i compiti a casa. In Finlandia, tanto per dire, la scuola gode di ben altra considerazione, i docenti percepiscono ben altro stipendio e l'80% della popolazione legge in media tre libri al mese.

L'abolizione dei compiti a casa contrasterebbe addirittura il dilagare dell'analfabetismo funzionale. Proprio così è stato detto: siccome gli studenti imparano poco, aboliamo i compiti. Una tecnica, per così dire, di tipo omeopatico.

Pazienza, poi, se per curare lo stesso male, altri scopritori di pietre filosofali propugnino l'insegnamento capovolto, più conosciuto in Italia, come è normale che sia, con l'espressione inglese di *flipped classroom*, cioè videolezioni a casa e compiti a scuola. Oh, *pardon*, attività collaborative, cooperative, laboratoriali... insomma, facciamolo strano. Questo almeno fino all'arrivo del Covid, perché nel momento in cui la videolezione è diventata la norma, sembra aver perso il suo *charme*.

Qualcuno, recependo una notizia proveniente sempre dalla lontana Finlandia, ha proposto l'abolizione delle materie. Peccato che la notizia si sia poi rivelata un malinteso, visto che le materie fondamentali rimanevano e si prospettava soltanto in via sperimentale e soltanto in alcune scuole la trattazione interdisciplinare di alcune tematiche.

Per altri, invece, la soluzione delle soluzioni consiste nel lasciare a casa lo zaino, oggetto che serie preoccupazioni desta in molti genitori. Hanno a tal scopo creato un'associazione, con tanto di visione e statuto, nonché di sito internet che i cultori del pittoresco troveranno certamente utile visitare. A differenza di un funzionario di banca che si reca al lavoro con una cartellina leggera, dicono, solo lo studente deve portarsi gli strumenti di lavoro da casa. In realtà, anche l'idraulico, l'operaio manutentore, il giardiniere e anche il medico si portano gli attrezzi da lavoro dietro, nonché "i soliti ignoti". Lo zaino, sostengono pure, avrebbe un valore simbolico negativo, veicolando "l'idea di un viaggio verso un luogo sconosciuto, estraneo, se non ostile, impervio, non umanizzato". Altri potrebbero vedervi il simbolo dell'avventura, del viaggio, della scoperta. Punti di vista.

Ma la lista di nuove metodologie, più o meno stravaganti e, ovviamente, quasi sempre *made in USA*, è in continua evoluzione. *Metodo Jigsaw, community of learners*, lezione partecipata, *focus group*, approccio collaborativo, senza dimenticarsi della ricerca-azione, che assicura pari dignità nel rapporto docente-allievo, non si sa mai che qualche docente si montasse troppo la testa… Insomma - per citare quel tizio - grande è la confusione sotto il cielo. Solo che qui non c'è nessuna rivoluzione in vista e c'è ben poco da stare allegri.

La scuola è diventata ormai l'ambito nel quale chiunque può svegliarsi la mattina e inventarsi la metodologia capace di risolvere d'un colpo tutti i problemi con la certezza di essere preso sul serio. È del tutto secondario che le soluzioni miracolose di volta in volta escogitate abbiano o meno, non dico una base scientifica, che forse è presumere troppo, ma anche una semplice coerenza logica. Sembra che quando si parla di didattica, abbiano tutti ragione.

Prima del Covid tirava molto il BYOD, *Bring your own device*. Idea, anche questa, non da poco. Mentre proliferano gli studi che mettono in guardia dagli effetti che un uso eccessivo dello *smartphone* può avere sulla salute psicofisica dei giovani (ma forse non ci sarebbe nemmeno bisogno di studi per capirlo), mentre sempre più statistiche mostrano come l'aumento del tempo passato davanti agli schermi si accompagni a una riduzione della fantasia e della capacità di immaginare, a qualcuno viene la bella pensata di incrementare le quattro/cinque ore al giorno che mediamente i ragazzi trascorrono tra *smartphone* e *tablet*, utilizzandoli anche per le attività didattiche. Senonché, dopo un anno intero trascorso in simbiosi con il proprio *device*, c'è da supporre che anche le azioni del BYOD siano in netto ribasso.

Volendo racchiuderle in un'unica grande categoria, si potrebbero definire metodologie della canna del gas, perché solo una scuola che ha smarrito completamente la sua funzione e non sa più che pesci prendere, può pensare di risolvere i suoi problemi con simili trovate. Il fatto "singolare", poi, è che più si vanno accumulando una sull'altra queste nuove metodologie, più i loro profeti continuano a proporle in alternativa alla "didattica tradizionale", come se dopo tutti questi sconquassi esistesse ancora una didattica tradizionale.

Ma i rischi contro cui mette in guardia la pedagogia della campana di vetro contemplano ogni singolo momento della permanenza a scuola dello studente e sono pressoché illimitati.

Non mettere voti inferiori al cinque perché lo studente può essere traumatizzato. In effetti, dopo aver preso un tre, non saranno in molti a fare i salti di gioia. Secondo gli innovatori, tuttavia, a causa di quel tre dedurrà di essere un incapace e non aprirà più il libro, mettendo una croce sopra la relativa materia. Quel tre sarà un colpo al cuore della sua autostima, rappresenterà per lui l'inizio del fallimento nella scuola e nella vita. In teoria, potrebbe anche reagire nel modo opposto. Riflettere sull'origine di quel tre, rendersi conto che è la naturale conseguenza del non avere nemmeno aperto il libro, adoperarsi al fine di evitare il ripetersi di tale esperienza e pervenire all'otto alla fine dell'anno. Quel tre potrebbe essere per lui l'inizio del riscatto nella scuola e nella vita. Uso il condizionale per questa seconda possibilità perché la pedagogia della campana di vetro contempla solo la prima.

Ma qualcun altro si spinge più in là. Anche la sola differenza può generare frustrazione. Chi ha preso cinque, ma anche chi ha preso sei o pure sette può sentirsi meno apprezzato di chi ha preso otto, nove o addirittura dieci, e andare incontro al destino sopra esposto. D'altro lato, si trascura la frustrazione di quello che ha lavorato benissimo, ma che non vede riconosciuto il suo impegno in rapporto agli altri. A questo punto, secondo la teoria degli innovatori, la sua motivazione dovrebbe venir meno. Invece, sembra che per questo tipo di studente la logica di prima non sia più valida.

Né si risolve il problema abolendo del tutto i voti, come alcuni propongono, poiché se il docente dice a un alunno che non ha fatto bene e ad un altro che invece è stato bravissimo, il primo si sentirà come se avesse preso un brutto voto. Alla fine, non solo bisognerebbe abolire i voti, ma il docente non dovrebbe nemmeno parlare né dare segni di vita. Più che un mentore, dunque, il bravo docente dovrebbe somigliare a una sfinge.

Domanda: ma è possibile prevenire tutte le potenziali frustrazioni?

In un contesto di apprendimento è praticamente infinita la lista di cose che possono generare frustrazione. Ma ammesso pure di essere riusciti ad evitarle tutte, ammesso pure che il docente-sfinge non abbia lasciato trapelare una sola emozione per tutto l'anno, ammesso pure che positività e negatività siano state annullate fino a produrre una linea piatta, a un certo punto la scuola finisce. Arrivi a vent'anni, la campana di vetro si rompe, esci fuori e ti ritrovi nel mondo dei *riders* e dei *call-center*.

Altra domanda allora: ma è utile prevenire tutte le possibili frustrazioni?

Anche perché le potenziali fonti di stress travalicano la sfera strettamente didattica. Le pagine di cronaca ci offrono quotidianamente numerosi spunti di discussione. La violenza psicologica può annidarsi ovunque. La religione, in primis. Nessuno avrebbe potuto prevedere che il tema sarebbe stato d'attualità a distanza di oltre due secoli e mezzo dalla pubblicazione del *Dizionario filosofico* di Voltaire, ma tant'è.

L'albero di Natale può turbare l'equilibrio psicologico del bambino musulmano. Idem per il presepe. Anzi, vi si potrebbe aggiungere anche il bambino ebreo. Per non dire dei bambini atei, dei quali abitualmente ben pochi sembrano preoccuparsi, come se fossero figli di un dio minore.

La domenica è festa cristiana. Per evitare che i bambini ebrei si sentano a disagio, bisognerebbe chiudere la scuola anche il sabato. E anche il venerdì per evitare traumi ai bambini musulmani. E se i pastafariani sceglieranno il lunedì come giorno festivo, bisognerà stare a casa anche il lunedì.

La festa del papà o della mamma può turbare i figli di genitori omosessuali, mentre vedere un bambino con due papà o due mamme può suscitare reazioni che ancora non siamo in grado di prevedere in quelli che di papà e mamme ne hanno solo uno. Si potrebbero unire tutti in un'unica festa per i genitori. Ma con gli orfani che si fa? Per un bambino che ha perso uno dei due genitori, quel plurale sarà certamente fonte di disagio. Per tacere di quelli che li hanno persi entrambi. Allora lasciamo perdere i genitori e facciamo una bella festa della famiglia. Ma ci sono quelli con i genitori separati che avrebbero ben poco da festeggiare. Basta feste.

Anche Cappuccetto rosso può essere divisiva e fonte di trauma. Trovare un lupo nel letto della nonna può turbare i sonni di un bambino. E anche le modalità di eliminazione del lupo, per quanto a fin di bene, denotano scarsa attenzione da parte di Perrault verso le sensibilità animaliste. O Biancaneve. Gli effetti della mela possono lasciare strascichi non indifferenti nella mente di un bambino. Su Hansel e Gretel, poi, stendiamo un velo. Basta favole.

A voler proteggere gli alunni da tutte le possibili fonti di stress, si rischierebbe seriamente la paralisi di ogni attività. Allora, a meno di non prefigurare l'avvento di una società di automi, la scuola deve essere scuola di vita non a parole, ma nei fatti. Le diversità sono infinite e ineliminabili e non serve inseguire un'inesistente neutralità, vanno sadute spiegare. Lo stress non va esorcizzato, non è il diavolo, fa parte della vita quotidiana. Si deve insegnare a gestirlo e a convogliarlo in risposte costruttive. La competizione è propria dell'uomo. Anzi, piaccia o non piaccia, è il fondamento stesso della società. Non esasperarla fin da piccoli è saggio; ignorarla o provare ad annullarla è sciocco. Non c'è un metodo valido sempre o più valido di un altro. Il suo essere efficace o nocivo dipende dal saperlo adattare alle circostanze in cui ci si trova ad operare ed alle persone con le quali ci si trova ad interagire. Il primo e unico pilastro di ogni processo educativo è l'elasticità mentale dell'educatore e la sua capacità di trasmetterla allo studente.

6. Dove sta andando la scuola?

Una ventina di anni fa, allorché in un animato collegio dei docenti si discuteva delle mirabolanti novità introdotte dall'allora ministro Berlinguer, al quale *en passant* non si può non riconoscere di avere assestato alla scuola la batosta più grande, un anziano collega condensò il suo scetticismo in un'affermazione destinata a rivelarsi profetica. Scattò in piedi, esclamò con voce stentorea: "ma che ci raccontano, la scuola non è più scuola, è intrattenimento, è inutile girarci intorno", e si rimise tranquillo a sedere tra i sorrisi dei presenti.

Non poteva immaginarlo, ma si era già sintonizzato con le nuove strategie della pedagogia americana, che da lì a qualche anno, com'è nell'ordine delle cose, sarebbero sbarcate anche da noi. Perché nella scuola, come in tanti altri ambiti, possiamo ragionevolmente prevedere cosa ci riserva il futuro: basta guardare cosa accade oggi negli Stati Uniti. E pazienza se qui arrivano salutate come novità quando lì stanno già passando di moda.

Qualche tempo addietro è stato trasmesso in tv un reportage sulle *high school* pubbliche americane, dove la conoscenza viene "costruita". Si vedevano ragazzi di sedici/diciassette anni che imparavano a cambiare il pannolino a un bambolotto, ad armeggiare in cucina per preparare una zuppa, a cimentarsi nel disegno di profili nell'ora d'arte, ecc. Ampi spazi, costruzione autonoma delle competenze, atmosfera rilassata, ecc. Certo, non sapevano rispondere al cronista che poneva domande elementari come cosa fosse l'impressionismo o chi fosse Michelangelo, ma queste nozioni – si sa – appartengono al regno delle odiate cose trasmissive. Anche se nemmeno con le cose non trasmissive stanno messi meglio. Un sondaggio di qualche anno fa della rivista *The American* rivelava, tra le altre chicche, che il 47% dei diplomati non era in grado di calcolare il perimetro di una stanza lunga 20 metri e larga 10.

Eppure, la scuola americana, che ha eliminato le conoscenze a beneficio delle "competenze", quella che dal nostro punto di vista andrebbe considerata l'esatta negazione della scuola, dove la cultura – sia detto senza alcuna vena polemica, ma come pura e semplice constatazione – non si sa e non si vuol sapere nemmeno dove stia di casa, è diventata punto di riferimento del nostro legislatore, ormai conquistato da questa pedagogia "del fare", nella quale l'attività didattica si fonda sull'aspetto ludico. Imparare facendo, imparare giocando, imparare divertendosi.

Quintiliano diceva *ludendo docere*. Gli americani hanno inventato l'*edutainment*, dalla fusione di *education*, cioè istruzione, ed *enterteinment*, che vuole dire divertimento, ma anche ricreazione, spettacolo. L'idea sarebbe simile all'antica formula latina, sennonché calata nella realtà americana diventa tutt'altro.

Piero Angela illustra il motto latino nel seguente modo: "Se si riesce infatti a inserire l'aspetto del «gioco» (nel senso dell'«interesse») eccitando così le motivazioni individuali e accendendo i cervelli, si riesce a moltiplicare in modo altissimo l'efficienza dell'informazione, dell'insegnamento, della comunicazione. Perché l'interessato «ci sta». È stimolato, partecipa, ricorda. E impara."

Gioco, come si vede, sta tra virgolette. Non nel senso di divertimento puro e semplice, dunque, ma di quel divertimento, di quel piacere intellettuale che si accompagna all'interesse per qualcosa, alla scoperta. "Gioco" come capacità di suscitare coinvolgimento. I teorici dell'*edutainment* invece, e soprattutto i suoi entusiasti esecutori, tendono sempre più a far pendere la bilancia sull'*enterteinment* piuttosto che sull'*education*. "Gioco" in senso letterale. Sempre più divertimento, dunque, sempre meno istruzione. Le *Indicazioni* del 2007 raccomandano alla scuola di instaurare "un clima di convivialità".

In verità, le modalità con le quali ottenere il coinvolgimento sarebbero molteplici. Ci sono docenti dotati di carisma e qualità affabulatorie che riescono a catturare l'interesse degli allievi e a "divertirli" anche con una pura e semplice lezione frontale, ma non c'è nulla di sacrilego se altri facciano ricorso ad altri strumenti, compresi i videogiochi (o *learning games*, se vogliamo parlare la lingua del Miur), che, secondo alcuni, attivano modalità che riguardano il prendere decisioni, elaborare strategie, fissare priorità, ecc.

Il punto non è il metodo, ma il docente che lo utilizza e lo spirito col quale lo utilizza. In linea di principio nessuno strumento va demonizzato, nemmeno i videogiochi. Non sono gli strumenti a essere in discussione. Può andare bene qualsiasi cosa. Un bravo docente può pure provare a fare lezione a ritmo di *rap*. I tempi cambiano e la scuola non può essere un compartimento stagno.

Il problema si pone quando ci si convince della miracolosità di alcune metodologie e le si trasforma in pratica quotidiana totalizzante. Quando il metodo prevale sul docente e si adotta l'approccio scientista di importazione, per cui la lezione frontale è antiquata e inutile, anche se a svolgerla è Umberto Eco, mentre l'*edutainment* è moderno e sempre utile, anche se affidato al primo idiota salito a bordo.

Ma soprattutto il problema si pone nel momento in cui si va sempre più radicando la convinzione che le metodologie siano buone a condizione che non annoino il bambino. Perché questo sembra essere diventato il comandamento supremo. La scuola non deve annoiare. Sembra ormai che uno spettro si aggiri per le scuole del paese: la noia. La scuola che fa annoiare il bambino per un solo attimo commette una sorta di crimine contro l'infanzia, come se lo defraudasse del suo sacrosanto diritto di trascorrere le sue ventiquattr'ore immerso in un lago artificiale di felicità. Non più *ludendo docere* allora, ma *ludendo* e basta.

Il discorso ci riporta a quanto detto sopra a proposito delle emozioni negative. Anche in questo caso sembra che l'immaturità crescente che caratterizza i genitori travalichi il perimetro domestico e dilaghi nelle aule scolastiche. Un conto è sottolineare l'importanza per il bambino di trovarsi in strutture accoglienti e di essere sottoposto a molteplici stimoli, ben altro è pretendere di bandire la noia dalla sua esistenza.

Ma - ci si dovrebbe chiedere - è formativo per un bambino il divertimento permanente o non lo è di più imparare anche ad annoiarsi?

L'idea del divertimento permanente fa il paio con le abitudini diffuse tra molti genitori di sommergere i propri figli di giochi e di oberarli di attività pomeridiane. Sembra che vedere il proprio figlio inattivo per un quarto d'ora sia per molti fonte di ansia.

Eppure, bisognerebbe sapere (ricordarsi?) che un bambino che non fa niente non sta a fare niente. Un bambino che non fa niente pensa, osserva, impara a riflettere; un bambino che non fa niente in realtà fa tante cose. Forse è arrivato il momento di liberarci dall'osservazione acritica di tutte le banalità che ci vengono catapultate da oltreoceano. Il bambino impara facendo, certo, ma impara pure in tanti altri modi.

Senonché, la cultura dell'edonismo, naturale sostrato per la crescita e la formazione del buon consumatore, impone questa folle corsa al piacere continuo. Bisogna divertirsi sempre e bisogna divertirsi ovunque.

Lo studioso Marc Prensky, da buon americano, stigmatizza il fatto che la scuola sia rimasta indietro rispetto al mondo. Per lo studente, dice, entrare in classe significa fare "un tuffo nel passato". Ecco allora che la scuola cerca di adeguarsi. Ma la guerra è impari. Gli stimoli cui è sottoposto lo studente fuori dalla scuola sovrastano quelli provenienti dall'istituzione scolastica. Per catturare quell'attenzione diventata sempre più volatile bisogna far ricorso non solo agli strumenti del mondo esterno, ma anche alle sue modalità. Nella società dello spettacolo e del divertimento compulsivo è quasi nell'ordine delle cose che la scuola si vada trasformando in una sorta di cabaret. Né può essere altrimenti. Quando un ragazzo è rimasto la sera prima incollato al video da *gag* che si succedono una dopo l'altra per due ore di fila, è molto probabile che l'indomani a scuola un'ora di storia o di scienze gli provochi uno o più sbadigli. Probabilmente nemmeno Piero Angela in persona riuscirebbe a destare il suo interesse. Poiché è sempre meno concepibile un divertimento che possa derivare da stimoli intellettuali e poiché annoiare un alunno è considerato in maniera pressoché unanime il peccato mortale in cui la scuola può incorrere, l'ideale sarebbe trasmettere "*Paperissima*" in classe. E non è detto che prima o poi non ci si arrivi.

Il dubbio, però, è se per i ragazzi di oggi fare "un tuffo nel passato" sia effettivamente un male, come implicitamente sostiene Prensky, o se non sia piuttosto il suo contrario. In un mondo calato nell'immanenza, dove tutto scorre e si cancella a ritmi vorticosi, dove la nuova edizione del *GF* o il nuovo modello di *smartphone* soppiantano continuamente i precedenti senza lasciare memoria, non diventa forse più formativo un tuffo nel passato, anziché accodare anche la scuola in questa spasmodica corsa alla novità, inevitabilmente collegata alla vertigine del consumo?

La prospettiva è impopolare, me ne rendo conto. Quando si discute della possibilità di prolungare l'apertura delle scuole ai mesi estivi, e se ne discute con crescente frequenza, nell'ottica assai condivisa di rendere meritato il salario percepito a scrocco da questi docenti *fannulloni*, l'argomento che smuove le coscienze (?) non è tanto la prospettiva del più tempo scuola uguale più apprendimento, bensì il problema delle famiglie che non sanno dove dirottare i propri figli durante l'estate. A rigor di termini, il genitore italiano medio più che una scuola che formi i propri figli, apprezzerebbe una *nursery* che se ne occupi a tempo pieno. Ben venga dunque il divertimento.

Questa situazione, tuttavia, pone la scuola davanti a un bivio: essere un semplice ingranaggio di un sistema, oppure essere soggetto attivo, puntare a svolgere una funzione veramente formativa. Detto in altri termini, vogliamo una scuola che vada ottusamente a rimorchio del mondo esterno, oppure una scuola che formi individui capaci di correggere le storture del mondo esterno? Perché, abbastanza paradossalmente, più si professa una scuola promotrice del senso critico e più si sfornano masse acritiche di consumatori.

7. E alla fine arrivò la competenza.

La Raccomandazione del Parlamento Europeo e del Consiglio Europeo del 18 dicembre 2006 sulle otto competenze fondamentali per l'apprendimento permanente introduce il concetto di competenza: dal sapere al saper fare.

Già da qualche tempo si era fatta strada la convinzione che il peccato capitale della scuola risiedesse nel fatto che essa si limita a trasmettere conoscenze, cioè teoria, anziché competenze, cioè capacità di applicare le conoscenze in contesti reali. In altri termini, secondo tale vulgata, gli studenti uscivano dalla scuola conoscendo tante cose, ma senza sapere metterle in pratica. Anzi, a giudicare dall'enfasi emergenziale data alla questione, senza saper fare nulla.

Si tratta tuttavia di un'affermazione che risulta alquanto generica se la si prova a calare in esempi concreti. Come la dobbiamo intendere esattamente? Significa che uno studente può avere acquisito una buona conoscenza della lingua e poi arrivando a Londra non ha la competenza per chiedere dove sono i bagni? Oppure che ha acquisito una buona conoscenza della letteratura e non è poi in grado di scrivere una lettera? Si direbbe un *nonsense*. Veramente possiamo pensare che uno studente che abbia imparato l'inglese non sappia poi comunicare a Londra o uno che abbia una buona conoscenza di Leopardi, Manzoni e Verga non sia poi in grado di scrivere due righe o capire un articolo di giornale?

Viene da chiedersi come abbiamo fatto a vivere noi che siamo stati formati in una scuola dove si trasmetteva conoscenza e non si sapeva ancora che bisognava formare per competenze.

Seppur generica, tale affermazione è stata tuttavia presa come oro colato. La responsabile di questo deficit formativo, manco a dirlo, è stata identificata nella didattica trasmissiva. Questo concetto è espresso con dovizia di particolari nelle *Indicazioni* del 2004 e successivamente in quelle del 2012. Gli americani ci hanno convinto – bisogna riconoscerglielo, sono molto convincenti – che il sapere non si trasmette, ma si costruisce. Ecco dunque diecimila PTOF (i piani triennali dell'offerta formativa che ogni scuola è tenuta a redigere) che pappagallescamente ripetono: l'alunno deve essere attore e non soggetto passivo nel processo di apprendimento. Sottinteso: com'era una volta. Anche se, personalmente, fatico a immaginare lo studente Umberto Eco, ai suoi tempi, soggetto passivo nel processo di apprendimento.

Ad ogni modo, una volta compiuto questo passo, una volta avviata la "costruzione" del sapere, quella massa di alunni, che prima usciva dalla scuola senza alcuna idea di che pesci pigliare, si trasforma come per incanto in cittadini capaci di affrontare brillantemente le molteplici sfide poste dal mondo moderno.

Vade retro, allora, didattica trasmissiva!

Chi ha appreso il latino o la matematica negli anni Sessanta pensa di averli appresi, ma in realtà non ha appreso un bel niente, perché l'insegnamento era trasmissivo. Presume di poter tradurre un brano di Cicerone o di risolvere un'equazione, ma in realtà non sa fare né l'uno né l'altro. Questa conclusione, degna di un film di Buñuel, dovremmo trarre per non recar dispiacere agli estensori delle *Indicazioni nazionali*. Ahimè, funziona così: per ogni fantasia pedagogica balenata in un eccentrico cervello d'oltreoceano, c'è a Roma un solerte funzionario del Miur pronto a trascriverla in circolare.

In realtà, anche se adottata a strascico per ogni tipo di istruzione, il discorso sulle competenze sarebbe applicabile tutt'al più per le materie di indirizzo degli istituti professionali e degli istituti tecnici. Solo per quel tipo di scuola che prevede un immediato sbocco lavorativo, nel quale si può distinguere tra una conoscenza teorica (i circuiti elettrici, il disegno di un modello di sartoria, il coding, ecc.) e la competenza pratica (cioè la capacità di realizzare un circuito elettrico, di cucire un abito o di scrivere un programma, ecc.). Ma nella maggior parte delle discipline fondamentali (italiano, storia, inglese, matematica, diritto, geografia), la conoscenza non è separabile dalla competenza. Operare una distinzione nelle materie sopra elencate è mero esercizio dialettico.

Ecco un esempio di obiettivi, abilità e competenze di letteratura come richiesti per il quarto anno di uno dei tanti indirizzi di scuola secondaria superiore. "Alla fine della classe gli studenti <u>conosceranno</u> le opere e gli autori significativi della tradizione letteraria e culturale italiana ed europea dall'età della Controriforma al tardo Romanticismo". "Lo studente avrà l'<u>abilità</u> di leggere e commentare in modo adeguato i testi narrativi e poetici della letteratura italiana ed europea". La <u>competenza</u> invece consisterà nel "comprendere i testi letterari nei vari livelli di lettura e analisi con cui sono stati presentati".

Ora, possiamo separare questi tre aspetti? Possiamo immaginare degli studenti che abbiano raggiunto una buona conoscenza della tradizione letteraria e culturale dall'età della Controriforma a quella del Romanticismo, senza avere acquisito l'abilità di leggere e commentare i testi narrativi e poetici e senza aver maturato la "competenza" di comprendere i testi letterari nei vari livelli di lettura e analisi, oppure le tre cose non sono e non sono sempre state un'unica cosa? Come se prima che arrivasse la didattica per competenze, dopo aver studiato Dante si rimaneva a fissare ebeti i versi senza essere in grado di spiegarli.

Credo che non solo qualsiasi docente di letteratura, ma anche qualsiasi persona dotata di un minimo di raziocinio dirà che acquisire una buona conoscenza della tradizione letteraria significa aver acquisito anche l'abilità di leggere e commentare e la competenza di comprendere i testi letterari nei vari livelli. E se non ha raggiunto tale abilità e tale competenza, significa che non ha raggiunto nemmeno una buona conoscenza.

Questa dicotomia tra trasmissione e costruzione del sapere è a ben vedere una delle affermazioni più assurde in circolazione, e che più di ogni altra rimanda alla rigidità mentale di certi "educatori". Come se le due cose potessero scomporsi e non fossero invece due aspetti che in un insegnamento efficace coesistono e procedono di pari passo.

L'emblema dell'aborrita didattica trasmissiva è la (povera) lezione frontale, presentata ormai in tutte le linee guida come una specie di perversione da estirpare senza pietà, una sorta di sentina nella quale si depositano tutti i vizi dell'insegnamento. Simbolo del docente anacronistico, del docente senza fantasia, del docente impreparato, del docente che impedirà ai nostri virgulti di germogliare, del docente vanaglorioso e, perché no?, del docente mangiapane a tradimento. Pazienza se molti di questi esperti di didattica sono diventati esperti grazie a una scuola basata soprattutto sulle lezioni frontali. Evidentemente sono stati penalizzati e senza lezioni frontali sarebbero diventati ancora più esperti.

Le *Indicazioni* del 2004 muovono dall'assunto che una società che prescrive i saperi da trasmettere sia una società rigida e poco aperta al cambiamento. Significa dunque che i principi della matematica e le leggi della fisica denotano una società chiusa ed è preferibile non imporre alle scuole la loro trasmissione? A quale cambiamento ci si riferisce, poi? A un cambiamento sinonimo di miglioramento della società e della qualità della vita, o a un cambiamento tanto per cambiare?

Insieme alla didattica trasmissiva e alla lezione frontale, è finita nel tritacarne del modernismo anche l'attività mnemonica. Si dice, con un marcato tono di disprezzo, che un testo imparato a memoria sia un sapere usa e getta. Ebbene, un mio zio, diplomatosi nel lontano 1950, ricordava ancora a memoria *Dei sepolcri* a distanza di cinquant'anni. Era anche in grado di spiegarli, ovviamente. Col beneplacito di quelli del Miur, io avrei detto che era *competente*, sebbene formatosi quando la competenza era ancora di là da venire, e, sempre col beneplacito di cui sopra, non liquiderei un testo appreso a memoria come un sapere usa e getta.

Ammetto che un'impostazione puramente mnemonica come fu un tempo non sia probabilmente il massimo. Anche se, a questo punto, ho qualche dubbio che sia mai realmente esistita un'impostazione puramente mnemonica come viene raccontata oggi dalla pedagogia dominante, cioè una scuola dove si imparava a memoria senza capire ciò che si imparava. Più probabilmente, era una scuola dove era necessario studiare molto, il che vuol dire anche memorizzare molte cose, ma certo non vietando di capire ciò che si memorizzava. Anzi, credo che fosse alquanto più rara la possibilità di non capire dopo aver studiato tanto. Del resto, la tanto vituperata riforma di Gentile, basando il sistema d'istruzione sulla cultura umanistica, puntava proprio a sviluppare le capacità riflessive e critiche a scapito dell'apprendimento mnemonico. Ma ammettiamo pure che sia esistita un tipo di scuola tale e quale a quella che viene dipinta dai profeti del mondo nuovo, ammettiamo pure che fino agli anni Settanta sia esistita una scuola di pappagalli, ebbene, bandire ogni forma di attività mnemonica, come accaduto dopo, sembra l'eccesso contrario.

Tanto più che diversi neuroscienziati evidenziano l'importanza dell'apprendimento mnemonico nella prima infanzia ai fini della maturazione della capacità di affrontare problemi più complessi. Ma anche senza il parere dei neuroscienziati, sembrerebbe un fatto di buon senso pensare che l'esercizio della memoria possa contribuire positivamente allo sviluppo delle capacità di apprendimento.

Eppure, chiedere oggi a degli alunni di imparare una poesia a memoria suscita lo sconcerto generale. Più in là di una filastrocca natalizia o per la festa della mamma non si può andare, a rischio di veder spuntare il giorno dopo i genitori pronti a rompere l'alleanza educativa. E intanto che la didattica si avvita su sé stessa in ridicole diatribe, sulle linee guida, sui decreti e nei documenti ufficiali è ormai un festival di competenze. Ce ne sono di tutti i tipi: operative, cognitive, metacognitive, ecc. Qualche studioso arriva a preconizzare competenze fantacognitive (in grado cioè di generare nuova conoscenza). Ma vi immaginate studenti che escono dalla scuola italiana con competenze fantacognitive? Io, con tutta la buona volontà, faccio fatica.

Nel suo vigoroso attacco alla didattica trasmissiva il documento Bertagna affermava: "...ciò, inoltre, porterebbe a immaginare il problema dell'insegnamento come quello di trasportare conoscenze da un luogo pieno, la testa del docente, ad un altro vuoto o meno pieno, quella dell'allievo, secondo il tradizionale modello dell'imbuto di Norimberga". Da allora sono passati più di quindici anni. Un'intera generazione di studenti si è formata su questa pedagogia. Secondo il Rapporto SDGs 2019, "In Italia, la quota di ragazzi iscritti al terzo anno delle scuole secondarie di primo grado che non raggiungono la sufficienza (*low performer*) nelle competenze alfabetiche è il 34,4%, in matematica del 40,1%. Tra gli studenti delle seconde classi delle scuole superiori di secondo grado, il 33,5% non raggiunge un livello sufficiente nelle competenze alfabetiche e il 41,6% in quelle numeriche." Beh, ora che le conoscenze non si trasportano più, sembra che il luogo vuoto tenda a rimanere tale. Anche se diventa ministro.

Nella preistoria (o che come tale oggi viene vista) dell'istruzione lo schema era semplice, c'era la lezione, la memorizzazione (si suppone, come detto prima, con la comprensione) e l'interrogazione. Una cosa semplice, oggi sprezzantemente liquidata come pensiero lineare. Conosco molti, me compreso, che si sono formati su quel modello di scuola, eppure, come dice il *Platone* di Conrad, non siamo così stupidi come sembriamo. Invece ora sappiamo, grazie agli spunti offerti dalla moderna riflessione pedagogica, che in questo modo l'intelligenza non è sollecitata abbastanza, bisogna stimolare il pensiero reticolare, il pensiero modulare, il pensiero divergente, il pensiero creativo e tanto altro ancora.

Quanto ai risultati di tale iperattivismo pedagogico, vedasi l'interessante ricerca condotta da alcuni scienziati norvegesi sul calo costante del quoziente intellettivo a partire dagli '70 (ma anche qua forse non c'era bisogno di attendere la ricerca, bastava guardarsi intorno), che essi imputano, tra l'altro, al peggioramento dei sistemi scolastici, al declino dei valori educativi e all'abuso di tv e media. Forse la moderna pedagogia farebbe bene a tenerne conto e a riflettere ancora un po', anche perché a furia di lavorare su così tanti pensieri corriamo il rischio di ritrovarci nel mondo rappresentato nel film *Idiocracy*, dove del pensiero non è rimasto molto. Dovrebbe, se non altro, spingerci a porci qualche domanda quanto osservato dal filosofo francese Finkielkraut, e cioè che le fasce più abbienti non chiedono alle scuole private metodologie all'avanguardia, ma la capacità di trasmettere conoscenze solide e cultura.

8. Il delirio professionale

Un capitolo a parte merita l'istruzione professionale. Punto di partenza della grande attenzione ad essa riservata è il *Libro bianco* di Delors del 1993, nel quale veniva sottolineata l'inadeguatezza dei sistemi scolastici a stare al passo coi tempi e veniva espressa la necessità di ampliare le forme di tirocinio e apprendistato presso le imprese, al fine di agevolare il passaggio dei giovani dalla scuola alla vita lavorativa.

Nei loro successivi interventi sull'istruzione, la Commissione Europea e il Parlamento Europeo hanno dunque posto l'accento sulla formazione professionale, evidenziando l'obiettivo di rafforzare la capacità della scuola di rispondere alle esigenze di un mondo del lavoro in rapida trasformazione. In particolare, è stato affermato che la formazione debba fondarsi su competenze, incluse TIC e lingue straniere, anche in vista di favorire la mobilità transnazionale dei lavoratori. A tal fine sono stati predisposti quadri di riferimento (EQF, ECVET e EQAVET) idonei a rendere spendibili i titoli acquisiti in ambito europeo.

Perché l'idea che sta alla base della politica europea sull'istruzione è proprio la sua "spendibilità", è l'idea di un sapere essenzialmente finalizzato a essere inserito in un circuito produttivo. La conoscenza che non si traduce in capacità operative è fuffa. Tempi duri per le *humanae litterae*. Da ciò, forse, l'affanno di molti docenti di lettere che timorosi di apparire anacronistici si ingegnano con ogni mezzo per condurre Tasso e Ariosto in laboratorio, perché i pedagoghi americani lo hanno detto a chiare lettere: "tutte le materie di studio possono essere oggetto di didattica laboratoriale". Amen.

Il *Libro bianco* di Delors aveva inoltre introdotto il *fortunato* concetto "di imparare a imparare per tutto il corso della vita". Un concetto destinato ad un radioso avvenire nelle mutate condizioni del mondo del lavoro del XXI secolo. O forse pensato apposta per indorare la pillola di quel mondo che già si profilava all'orizzonte. Imparare a imparare per tutto il corso della vita, infatti, non significa altro che apprendere competenze utili a svolgere un secondo lavoro qualora si perda il primo, o un terzo qualora si perda il secondo, e così via.

La Commissione europea si è quindi premurata di fornire un *Memorandum sull'istruzione e la formazione permanente nel 2000*, seguito l'anno successivo da un'ulteriore *Comunicazione* sul concetto strategico di apprendimento permanente. Del 2012 è poi la Raccomandazione del Consiglio dell'Unione Europea relativa alla necessità di fornire ai cittadini l'opportunità di dimostrare le competenze acquisite in ambito non formale e informale, aspetti prontamente recepiti – sono cose che non ci lasciamo scappare – con la L. 92/2012, la cosiddetta Legge Fornero, e successivo D.Lgs. 13/2013.

Se dunque ci si domanda perché così tanto spazio e attenzione la normativa italiana abbia dedicato agli istituti professionali, perché così tanti decreti, linee guida e note ministeriali si intrecciano, si rimpiazzano, si affiancano e si sovrappongono in un vero e proprio delirio, si può adottare una risposta che negli ultimi anni abbiamo imparato a sentire spesso nei più diversi contesti e che ha il vago sapore del dogma moderno: "ce lo chiede l'Europa".

Il DM 139/2007, che regola l'innalzamento a dieci anni dell'obbligo scolastico, ha riunito le discipline in quattro assi culturali, sulla base dei quali viene certificato l'assolvimento dell'obbligo al termine del secondo anno della scuola secondaria superiore. I successivi DD.PP.RR. 87, 88 e 89 del 2010, applicativi della cosiddetta Riforma Gelmini e che rispettivamente regolano istituti professionali, tecnici e licei, presentano una certa uniformità dei percorsi di istruzione del primo biennio (ma non solo). Come detto nelle *Indicazioni nazionali* relative ai percorsi liceali, vengono individuati alcune discipline cardine e alcuni nuclei comuni (lingua e letteratura italiana, lingua e cultura straniera, matematica, storia, scienze), che dovrebbero costituire uno "zoccolo di saperi e competenze". L'obiettivo è "il superamento della tradizionale configurazione a canne d'organo" del secondo ciclo d'istruzione, cioè di quell'organizzazione diseguale, per cui alcune tipologie di scuola, come i licei, prevedevano un'acquisizione di conoscenze molto maggiore rispetto ad altre. Tutto ciò al fine di rendere uniforme la formazione della scuola dell'obbligo, attraverso il raggiungimento di alcune conoscenze e competenze comuni, e permettere eventuali passaggi da un indirizzo all'altro.

Quello che preme ai funzionari del Miur, loro che certamente il professionale non l'hanno frequentato né da docenti né, tanto meno, da studenti, è il principio di democraticità, ribadire che non ci sono figli e figliastri. Tutti i corsi di studio stanno allo stesso livello. Non c'è una scuola *migliore* di altre: il politicamente corretto è salvo. Anche se poi, quando vengono estratte le materie d'esame, i notiziari, evidentemente non informati del superamento delle "canne d'organo", menzionano solo quelle uscite al classico e allo scientifico.

È peraltro un singolare problema, quello dell'uguale dignità dell'istruzione liceale e istruzione professionale, che si sono posti al ministero. Eravamo in molti a credere che la dicotomia tra formazione classica e formazione professionale fosse venuta meno da un pezzo, e che la presunta *superiorità* del letterato sull'operaio sopravvivesse solo come pregiudizio. Per il resto, era normale che il letterato per diventare letterato studiasse una cosa e l'operaio per diventare operaio un'altra.

Dal superamento delle "canne d'organo", invece, sembra di capire che al ministero siano ancora convinti che la dignità del futuro operaio si misuri col metro del letterato. Da qui la necessità di arrivare alla fine dell'obbligo con uguali competenze (perché no, allora, fino al diploma?) e la diminuzione delle ore delle materie professionalizzanti a beneficio di quelle comuni con gli altri indirizzi attuata dalla riforma Gelmini.

La conseguenza è che mentre in paesi come la Germania o l'Olanda, dove la dignità degli studenti e del lavoro non è certo meno tutelata che in Italia, tra gli undici e i dodici anni gli alunni possono già intraprendere percorsi che li indirizzano verso il mondo del lavoro, da noi il ciclo unico si allunga virtualmente di altri due anni, perché scegliere a quattordici anni è ritenuto ancora prematuro.

Ora, premesso che il biennio del liceo rimane tutt'altra cosa rispetto al biennio del professionale per il semplice fatto di essere frequentato da una diversa tipologia di studenti, la cosa più deplorevole è che questo sistema, imponendo agli alunni del professionale obiettivi analoghi a quelli del liceo, e quindi al di là delle loro possibilità o estranei ai loro interessi, contribuirà a rendere le differenze ancor più marcate anche dopo la scuola. Ma l'importante per il Miur è aver salvaguardato la forma, aver fatto un passo in avanti verso una presunta democratizzazione del sistema, anche se alla fine tutto si risolve in democrazia di carta, o, come diceva Salvemini circa un secolo addietro affrontando un dibattito analogo, "pseudo-democrazia scolastica".

Basta osservare i risultati delle prove Invalsi (prima del 2020, quando non si potevano ancora addebitare alla Dad) per rendersi conto di come non solo le diseguaglianze non diminuiscono, ma addirittura aumentano. Emergono enormi differenze tra scuole dei quartieri più agiati e scuole della periferia della stessa città, tra Nord e Sud. Differenze che la scuola si limita a certificare, mostrandosi del tutto incapace di correggere, e restando così lontana anni luce da quella che dovrebbe essere la sua missione, contribuire cioè a rimuovere gli ostacoli di ordine sociale, economico e culturale che impediscono il pieno sviluppo della persona.

Per ulteriore paradosso, inoltre, mentre da una parte il Miur propugna una didattica sempre più personalizzata, che mira a perseguire quegli obiettivi che meglio si adattino alle inclinazioni degli studenti, dall'altra, ci dice che per essere allo stesso livello o per avere uguale dignità, bisogna necessariamente fare le stesse cose, rendendo più uniformi i percorsi di studio.

Ancora dal Rapporto SDGs 2019: "Il risultato a livello nazionale per tipo di istituto è molto differenziato, con il 17,7%

dei liceali che non raggiungono la sufficienza nelle competenze alfabetiche e il 29,2% in quelle matematiche; tra coloro che frequentano gli istituti tecnici, sono insufficienti in lettura e in matematica rispettivamente il 39,6% e il 42,3%; tra i ragazzi degli istituti professionali, i risultati sono molto scoraggianti, con il 69,4% che non raggiunge la sufficienza in lettura e il 77,2% in competenze numeriche. Migliaia di pagine scritte per avere appena tre ragazzi su dieci che sanno scrivere e due che sanno far di conto.

Ma il professionale, come detto, non trova pace. Così, tra i provvedimenti che la L. 107/2015, la cd. Buona Scuola, ha delegato al governo, ve n'è uno dedicato proprio all'istruzione professionale, attuato col D. Lgs. 61/2017, ovviamente seguito da relative linee guida e relativo Decreto ministeriale. Se già le linee guida del 2010 non scherzavano: "n*ei loro percorsi appare decisivo valorizzare l'apporto scientifico e tecnologico alla costruzione del sapere, che abituano al rigore, all'onestà intellettuale, alla libertà di pensiero, alla creatività, alla collaborazione…*", nel D. Lgs. 61, art. c. 2, si vola ancora più in alto: "le *istituzioni scolastiche che offrono percorsi di istruzione professionale sono scuole territoriali dell'innovazione, aperte e concepite come laboratori di ricerca, sperimentazione ed innovazione didattica*".

Parole che fanno sorridere chi, anche per sbaglio, abbia mai messo piede in un istituto professionale. Per chi invece ci lavora, suonano piuttosto come una pura e semplice presa in giro. Si direbbe una gara a chi la spara più grossa, dove tutte le energie del ministero sono protese a trovare la formula più efficace, la frase ad effetto.

Basta confrontare il pecup (profilo educativo culturale e professionale dello studente alla conclusione del ciclo) del riordino dei professionali del DPR 87/2010 con quello previsto dal nuovo riordino fatto col D.M. 92/2018, per rendersi conto della rapidità con la quale si perde il contatto con la realtà. Laddove nel primo sono indicati diciassette risultati finali, nel secondo ci sono sedici pagine, a occhio e croce un centinaio tra competenze, abilità e conoscenze. Saranno stati gli ultimi ad averlo imparato, ma alla fine l'hanno imparato anche al Miur:

nel mondo del marketing e dell'immagine i fatti hanno smesso di essere rilevanti, contano solo le parole con cui vengono presentati. Probabilmente pensano che trovando definizioni futuristiche abbiano già realizzato la scuola del futuro.

Ma, evidentemente non soddisfatti, gli esperti del Miur hanno trovato qualcosa di nuovo da inventarsi. La nuova riforma, che arriva appena sette anni dopo la precedente – giusto il tempo di farla entrare a regime e si ricomincia daccapo –, prevede infatti l'introduzione di un progetto educativo personalizzato, che accompagnerà gli studenti iscritti al primo anno per tutto il loro percorso. Significa che per ogni classe iniziale i docenti sono chiamati a redigere, oltre al piano di lavoro annuale, venticinque/trenta piani personalizzati da aggiornare negli anni successivi.

Una nuova enorme massa di lavoro sulle spalle degli insegnanti, la cui utilità è praticamente nulla. In primo luogo, perché per una personalizzazione reale bisognerebbe prevedere rientri pomeridiani e garantire quindi mensa e trasporti, cose tutt'altro che scontate. In secondo luogo, perché non bastano i docenti titolari delle discipline. Per tradurre le buone intenzioni in pratica ci vorrebbero risorse economiche che non ci sono. Basterebbe che qualcuno degli estensori di questa disposizione si prendesse la briga di fare un giro nelle scuole per verificarne l'attuabilità, per rendersi conto che non è chiedendo ai docenti di compilare altre scartoffie destinate a prendere polvere in qualche sottoscala che si migliora l'insegnamento e che tali misure finiscono solo per sottrarre energie ed entusiasmo a chi lavora.

Ultima tappa di questo processo di scollamento dalla realtà, il superamento dell'unità didattica tradizionale a beneficio dell'UdA (Unità d'apprendimento), "insieme di competenze, abilità e conoscenze", che mira alla trasversalità dell'insegnamento per sviluppare competenze pratiche e capacità di svolgere compiti nella vita reale. L'UdA, manco a dirlo, "pone al centro lo studente", che evidentemente in passato transitava per tredici anni nella scuola del tutto inosservato e senza che nessuno se lo filasse. Senonché l'UdA, mutuata dalle scuole di formazione professionale (dove si insegnano solo materie professionalizzanti), risulta del tutto inapplicabile in un istituto professionale (dove invece sono previste anche materie generali). Quale interdisciplinarità, infatti, sarà mai possibile tra materie professionalizzanti e storia o italiano? Siccome, però, così è stato deciso, al docente non resta che lavorare di fantasia, arrangiarsi, e nella sua brava programmazione per UdA troverà dei collegamenti tra Fenici e accoglienza turistica, tra l'Odissea e tecniche di allevamento vegetale e animale, tra Foscolo e servizi di sala; ecc., tanto alla fine nessuno verificherà né quel che è stato scritto né quel che è stato fatto.

Al di là di tali inutili trovate, la didattica che metta veramente al centro l'alunno sarebbe quella di dimezzare le classi dei professionali. Ipotesi, tuttavia, che si può tranquillamente escludere dal novero delle cose possibili. Non ce l'ha fatta nemmeno il Covid. Dopo qualche timido tentativo nell'anno scolastico 2020-2021, siamo tornati ai numeri di prima, già riportati nell'ultimo rapporto di *Cittadinanzattiva*: diciassettemila classi con più di 25 alunni che interessano un totale di quasi mezzo milione di alunni.

Sarebbe già tanto potersi dedicare a dieci/quindici studenti. Una prima professionale è ben diversa da una prima liceo, dove i ragazzi sono perlopiù seguiti a casa, hanno motivazione e interesse allo studio e quando il docente entra sono già pronti con tutto l'occorrente sul banco. In una prima professionale bisogna costruire tutto dalle fondamenta. I ragazzi che vi arrivano sono quelli non reputati idonei ad altri percorsi. Il professionale è il luogo dove vengono indirizzati gli esclusi. In prima molti hanno già sedici o anche diciassette anni e sono reduci da altre scuole o appena arrivati in Italia. Hanno basi fragilissime, sono demotivati e demoralizzati, spesso abbandonati a sé stessi, hanno soglie di attenzione bassissime. Finiscono in classi dove non di rado ci sono alunni certificati ai sensi della Legge 104, diversi DSA (disturbi specifici dell'apprendimento) e un numero più o meno grande di alunni cosiddetti BES (bisogni educativi speciali). Parlare di personalizzazione in situazioni del genere, dire che coi nuovi decreti è stata superata "la tradizionale struttura a canne d'organo", significa non avere la più pallida idea della realtà scolastica. Per usare le parole di don Milani, di gran lunga l'autore più citato a sproposito nei documenti del Miur, "non c'è nulla che sia più ingiusto quanto fare parti uguali tra diseguali".

Ugualmente peregrino è pensare di assimilare i programmi (o gli obiettivi, visto che anche il termine "programma" è stato messo all'indice) a quelli dei licei al primo biennio e prevedere per il triennio discipline come letteratura e storia, che non hanno alcun *appeal* per questi ragazzi. Si tratta di una scelta che tradisce l'atavica predisposizione al conformismo della nostra scuola, a dispetto dei proclami della scuola dell'autonomia. È pura retorica insistere dicendo che la scuola deve coinvolgerli, trovare nuove metodologie, *peer-to-peer*, ecc., lo sappiamo tutti quali sono i risultati. Tanto varrebbe puntare su obiettivi raggiungibili. Non si persegue un progetto di democratizzazione insegnando a questi studenti le stesse cose che si fanno al liceo in formato ridotto. Al contrario, in questo modo si vanifica il loro soggiorno a scuola, contribuendo indirettamente a renderli cittadini di serie B, laddove il compito della scuola dovrebbe essere proprio quello di evitare che questi ragazzi vadano incontro a tale destino.

Sarebbe già un passo importante, anziché inseguire impossibili utopie egualitarie, puntare a valorizzare quelle attitudini che in questi studenti possono essere effettivamente valorizzate ed elaborare obiettivi che siano concretamente utili alla formazione di un cittadino consapevole.

Lungi da me il voler negare il valore formativo della letteratura e della storia, ma è inutile dedicare quattro ore settimanali allo studio di Dante e Boccaccio, che nel novanta per cento dei casi viene cancellato dalla memoria entro un mese al massimo, ammesso che sia riuscito a incunearsi in un piccolo anfratto. Molto meglio sfruttare questo tempo prezioso – perché per molti ragazzi che frequentano il professionale il tempo è prezioso, dal momento che ogni anno può essere l'ultimo e solo una sparuta minoranza continuerà con un qualche successivo percorso di studio – in insegnamenti che si riveleranno concretamente utili e contribuiranno a migliorare la qualità della vita della persona. Paradossalmente, infatti, l'impostazione che vorrebbe attenuare le differenze tra i vari diplomati, finisce per acuirle, poiché il tempo che potrebbe essere impiegato per trasmettere competenze utili e idonee a formare un cittadino più consapevole, finisce invece per essere tempo sprecato.

Meglio un operaio che non conosce Petrarca, ma è in grado di compilare da solo un bollettino postale, comprendere le condizioni d'uso di un servizio o un'informativa della *privacy*, rispetto a un operaio che comunque non ricorderà nemmeno il nome di Petrarca, ma che dovrà pure rivolgersi all'impiegato per compilare un bollettino e firmerà senza capire ciò che firma. Meglio un cittadino che non abbia la più pallida idea di cosa sia la lotta per le investiture o la guerra dei cento anni, ma che sappia almeno cos'è la Resistenza, a cosa serve un sindacato e che sappia leggere un contratto di lavoro (nella *Lettera* di Don Milani, il contratto dei metalmeccanici), rispetto a un cittadino ecc. ecc.

Immagino già (e capisco) le levate di scudi. Nessuno nega che sarebbe bello che un operaio conoscesse lo stilnovo, e magari durante la pausa pranzo declamasse qualche terzina di Dante. Ma l'oggetto della formazione non è ciò che sarebbe bello o auspicabile, bensì ciò che può essere obiettivamente raggiunto. E qualsiasi docente di lettere sa che tale obiettivo non può essere raggiunto.

Si tratta, del resto, di un ragionamento valido per qualsiasi ambito. Se l'obiettivo ideale risulta oltre la nostra portata, si lavora per un obiettivo intermedio, per il meno peggio, per salire di un gradino. L'intelligenza non consiste nell'individuare il migliore dei mondi possibili. Questo, come espresso a suo tempo nel *Candido* di Voltaire, è prerogativa dell'idiota. L'intelligenza consiste nell'individuare gli strumenti per migliorare *questa* realtà.

9. La via italiana all'inclusione.

Se in tutte le classifiche riguardanti l'istruzione l'Italia si trascina mestamente nelle posizioni di coda, ci possiamo consolare pensando che se ci fosse una classifica delle belle parole, il nostro paese sarebbe certamente al primo posto. Sull'inclusione, per esempio, sono stati scritti fiumi d'inchiostro. A leggere linee guida e circolari, sembra che siano state redatte tra Oslo e Stoccolma.

Dall'abolizione delle classi differenziali sono stati fatti passi da gigante. A parole. Dall'inserimento siamo passati all'integrazione, dall'integrazione siamo arrivati all'inclusione e certamente ci sarà adesso qualcuno al lavoro nelle segrete stanze per condurci alla tappa successiva.

La via italiana all'inclusione è frutto di un percorso normativo che definire arzigogolato è riduttivo. Proviamo dunque ad addentrarci nell'intricata vegetazione giuridica nella maniera più semplice possibile. Chi vuole risparmiarsi questo stillicidio di norme può passare tranquillamente alla seconda parte del capitolo, sapendo che quanto segue serve solo a offrire la plastica dimostrazione di come negli ultimi anni l'attenzione per i più svantaggiati sia diventata tanto ossessiva quanto inconcludente, non traducendosi in uno sforzo reale, ma solo in un inutile profluvio normativo.

Le norme principali di riferimento sono le seguenti: la <u>L. 104/1992</u>, Legge-quadro per l'assistenza, l'integrazione sociale e i diritti delle persone handicappate. La <u>L. 170/2010</u>, che disciplina i disturbi specifici di apprendimento (DSA) in ambito scolastico, il <u>D.M. 5669/2011</u>, che ne regola l'attuazione e la <u>Direttiva del 27/12/2012</u>, che riassume la materia precedente introducendo la categoria dei bisogni educativi speciali (BES), "nella quale sono comprese tre grandi sotto-categorie: quella della disabilità; quella dei disturbi evolutivi specifici e quella dello svantaggio socio economico, linguistico e culturale". Nella sottocategoria dei disturbi evolutivi specifici, la suddetta *Direttiva* include oltre ai DSA, "anche i deficit del linguaggio, delle abilità non verbali, della coordinazione motoria, ricomprendendo – per la comune origine nell'età evolutiva – anche quelli dell'attenzione e dell'iperattività, mentre il funzionamento intellettivo limite può essere considerato un caso di confine fra la disabilità e il disturbo specifico". Tale nuova classificazione è coerente con l'*International classification of functioning, disability and health* (ICF) introdotta dall'Assemblea mondiale della Sanità nel 2001. La C.M. 8/2013 fornisce le indicazioni operative per l'attuazione di tale Direttiva. Quindi arriva la L. 107/2015 che delega il governo al riordino, alla semplificazione e alla codificazione dell'inclusione scolastica degli alunni con disabilità (art. 1 cc. 180 e 181 lett. c). Il D. Lgs. 66/2017, infine, attua tale delega.

Fatta tale necessaria e laboriosa premessa, veniamo ai fatti.

La L. 104 istituisce i GLH gruppi di lavoro con la funzione di occuparsi delle problematiche della disabilità (a quell'epoca si usava la parola *handicap*) che si articolano in due componenti, di integrazione d'istituto (GLHI) e operativi (GLHO). Istituisce inoltre Gruppi di Lavoro Interistituzionali Provinciali (GLIP) e i Gruppi di Lavoro Interistituzionali Regionali (GLIR).

La L. 170 prevede che nell'affrontare le problematiche relative ai DSA, la scuola si appoggi ai Centri territoriali di supporto (CTS).

La Direttiva del 28/12/2012 prevede l'istituzione del Centri territoriali di inclusione (CTI). Ne deriva che a questo punto sono attivi "i GLH a livello di singola scuola, eventualmente affiancati da Gruppi di lavoro per l'Inclusione; i GLH di rete o distrettuali, i Centri Territoriali per l'Inclusione (CTI) a livello di distretto sociosanitario e almeno un CTS a livello provinciale".

La C.M. 8/2013 estende le competenze del GLHI anche ai BES e lo rinomina in Gruppo di lavoro per l'inclusione (GLI) e tra le altre funzioni gli assegna quelle di raccolta e coordinamento delle proposte formulate dai singoli GLH operativi. Prevede inoltre che entro giugno ogni scuola rediga un piano annuale per l'inclusività (PAI) da presentare entro giugno.

Nella delega al governo, la L. 107 fa esplicito riferimento alla L. 104 e alla L. 170 relativa ai DSA (art. 1 c. 181 lett. c p. 5). Il D.Lgs. 66, tuttavia, specifica che le disposizioni ivi contenute si attuano soltanto per gli studenti con disabilità certificata ai sensi della L. 104 (art. 2). I DSA previsti nella delega si sono persi per strada. Inoltre, pur rifacendosi anch'esso, come la Direttiva del 27/12/2012 all'ICF, torna a parlare di disabilità, mentre la grande categoria dei BES introdotta nel 2012, e che doveva includere anche la disabilità, non è menzionata. Il suddetto *Decreto* introduce inoltre il Gruppo per l'inclusione territoriale (GIT), verosimilmente al posto dei GLIP, dei quali non si ha più notizia, e istituisce per la seconda volta Gruppo di lavoro per l'inclusione (GLI), visto che era già stato istituito una prima volta con la C.M. 8/2013. Ma non è finita. Viene previsto anche il Piano per l'inclusione che sembra essere cosa diversa dal PAI (Piano annuale di inclusione), anche perché non si dice che viene a sostituirlo, non si specifica ogni quanto deve essere predisposto, ma solo che deve essere inserito nel PTOF.

Considerazioni finali: orientarsi nello sviluppo normativo dell'inclusione non è facile; a ogni tornata non tutte le precedenti norme sembrano essere state lette con la dovuta attenzione; il sospetto del corto circuito legislativo è forte.

Di piani di inclusioni, alla fine, ce ne ritroviamo due. Ovviamente quasi tutte le scuole ne preparano solo uno. Il bello della scuola in Italia (ma forse non solo della scuola) è proprio questo, che si emanano norme su norme, ma poi alla fine ognuno fa come vuole, tanto non succede niente.

Chiuso il discorso relativo alla teoria, veniamo alla realtà. Il primo dato che emerge è che il 50% degli studenti con certificazione di disabilità frequenta un professionale, che è una scuola scelta da meno del 15% di tutti gli studenti. Già questa sproporzione fa pensare. Come mai questi studenti, le cui disabilità, come riportato sul sito disabili.com, nell'oltre 90%

dei casi sono di natura psicofisica (67,9 di tipo intellettivo), vengono destinati a un tipo di scuola che, in virtù delle molteplici attività pratiche e di laboratorio, sarebbe in teoria la meno adatta per loro? Senza, tra parentesi, considerare che i professionali, a causa dell'alto tasso di alunni difficili che accolgono, sono, come detto prima, le scuole nelle quali risulta più problematico rispondere alle esigenze dei singoli ed attuare qualsiasi pur minima personalizzazione dell'insegnamento. Infatti, in tali scuole è prassi comune formare classi di 27 alunni anche in presenza di uno o più alunni disabili certificati, nonché di alunni con DSA e BES, per arrivare ad estremi come quello rilevato dall'assessorato all'istruzione della Campania qualche anno fa, dove c'erano oltre 900 classi composte da tre o più alunni disabili e 30 alunni normodotati. (L'acronimo BES - bisogni educativi speciali – viene comunemente utilizzato in maniera residuale per indicare quegli alunni che manifestano problematiche che non rientrano né nella disabilità né tra i DSA, anziché come categoria onnicomprensiva di tutte le forme di disagio, come previsto dalla Direttiva del 27/12/2012 in accordo con l'ICF elaborato dall'Assemblea Mondiale della Sanità – ma sorvoliamo.) La Nota 1153/2017 afferma che come stabilito dal D. Lgs. 66/2017 non si possono costituire classi con più di ventidue alunni in presenza di un alunno portatore di handicap. In realtà la nota sbaglia, perché il decreto 66 prevede un massimo di venti, ma comunque non vengono rispettati né l'uno né l'altro. Nonostante numerosi interventi del Tar, tale limite viene allegramente ignorato, adducendo la motivazione (non scritta da nessuna parte) che per essere applicato la disabilità dovrebbe essere gravissima.

La risposta alla domanda di prima è una di quelle verità che tutti conoscono, ma che raramente qualcuno dice, probabilmente perché farebbe venire giù d'un colpo tutto il castello di carte delle nobili intenzioni. Questi ragazzi vengono destinati nei professionali perché questi sono considerati scuole di serie B, quindi la loro presenza inciderà meno nell'economia del buon funzionamento delle classi. Tutto qui. In tal modo il professionale ha rimpiazzato di fatto le vecchie classi differenziali.

L'abolizione delle classi di aggiornamento e delle classi differenziali fu salutata come un grande passo di civiltà, una volta tanto in disaccordo con don Milani, che invece scriveva: "Quando funzionano sono le cose più belle che abbiate". Senonché, alle buone intenzioni non sono seguiti fatti corrispondenti.

Secondo i dati riportati dall'*European Agency for special needs*, in Italia, meno dell'1 percento degli studenti con disabilità lieve frequenta una scuola speciale. In Norvegia sono l'8 percento, in Finlandia il 40, in Belgio l'89 e in Danimarca il 95.

Di fronte a questi numeri i casi sono due: o noi siamo di gran lunga l'avanguardia europea e non ce ne siamo accorti, mentre la tanto celebrata Finlandia arranca e la quasi altrettanto celebrata Danimarca è ancora all'età della pietra; oppure che noi abbiamo risolto il problema in teoria, gli altri lo vanno affrontando e lo vanno risolvendo nella pratica.

L'inserimento in classi normali, che nella metà dei casi, trattandosi di professionali, tanto normali non sono, non apporta grandi benefici all'alunno disabile poiché il tempo a lui dedicato è manifestamente insufficiente e spesso manca la continuità didattica che assicuri lo svolgimento di un progetto pluriennale. Si traduce inoltre in dispersione di energie e di conoscenze, poiché le tante meritorie iniziative realizzate dai docenti di sostegno rimangono spesso confinate a realtà circoscritte, impedendo la valorizzazione delle esperienze migliori (le tanto decantate buone pratiche), laddove in classi speciali, non necessariamente separate dalle scuole normali, moltiplicherebbero la loro efficacia e assicurerebbero maggiore continuità didattica. Così, intanto che al Miur si cullano con la storia della legislazione all'avanguardia, la realtà ci dice che questi ragazzi, riconosciuti sulla carta uguali tra uguali, sono nei fatti diversi tra *diversi*. Non è un caso che di fronte all'incapacità delle scuole normali di rispondere ai bisogni degli studenti disabili, sempre più genitori preferiscano optare, ove disponibili, per scuole speciali.

Ma forse al Miur non interessano i risultati reali. Forse gli basta specchiarsi nella coerenza logica dei suoi proclami, sebbene in questo caso anch'essa zoppichi un po'.

10. Una scuola che non insegna a rispettare le regole

Il diritto all'istruzione è sancito dall'art. 34 della Costituzione, ed è sancito nella maniera più ampia possibile, visto che l'art. 3 include tra i compiti della Repubblica anche quello di rimuovere gli ostacoli che impediscono "il pieno sviluppo della persona umana". L'art. 1 c. 2 del T.U. della scuola, inoltre, finalizza la libertà di insegnamento "a promuovere... la piena formazione della personalità degli alunni", mentre l'art. 2 tutela la libertà di coscienza degli alunni e il diritto allo studio. Su "l'attuazione del diritto all'apprendimento da parte degli alunni" vigila inoltre il dirigente scolastico (D.Lgs. 165/2001, art. 25, c. 3). A tali norme si aggiungono le disposizioni introdotte dai Decreti Delegati che assicurano agli studenti delle secondarie di secondo grado la partecipazione attiva alla vita della comunità scolastica attraverso i loro rappresentanti negli organi collegiali, nonché la possibilità di riunirsi in assemblee di classe e di istituto.

Vai dunque a capire, con tutto questo po' po' di normativa – solo per citare le fonti principali –, quali esigenze abbiano mai potuto ispirare l'emanazione del DPR 249/1998, cioè lo *Statuto delle studentesse e degli studenti* (*copyright* Berlinguer). Un regolamento quanto meno pleonastico, non facendo altro che ribadire diritti già previsti, tutelati e goduti da decenni.

Piuttosto vaghi, manco a dirlo, risultano invece i doveri in esso enunciati. Obbligo di citazione per il secondo della lista: vi si afferma che ciascuno studente deve ai compagni e al personale della scuola lo stesso rispetto che chiede per sé stesso. *Statuto* alla mano, dunque, lo studente che non ha rispetto di sé è autorizzato a non averne per gli altri.

Altre vette vengono toccate nell'art. 4 relativo alla disciplina, nel quale viene ricordato che i provvedimenti disciplinari hanno finalità educativa, che non può essere sanzionata la libera espressione di opinioni correttamente manifestate, che la responsabilità è personale... Ma per quale motivo proprio la scuola dovrebbe comminare una sanzione con intento meramente punitivo? Perché dovrebbe punire un alunno per le idee espresse in maniera rispettosa, calpestando *en passant* l'art. 21 della Costituzione? E forse solo un nostalgico dei metodi delle SS si sognerebbe di sanzionare un ragazzo per rappresaglia delle colpe commesse da un altro. Difficile penetrare la logica seguita dagli estensori di tali norme.

Ma il DPR 249/1998 è soprattutto un regolamento nefasto, forse il più nefasto mai concepito per la scuola, perché inficia il ruolo del docente e di tutto il personale scolastico, trasformando di fatto la scuola, che opera, a norma di Costituzione, per "la piena formazione della personalità degli alunni", nella controparte degli stessi alunni. Con l'introduzione dei tre gradi di giudizio e la burocratizzazione di ogni azione disciplinare, le scuole vengono trasformate in tanti piccoli tribunali, con tanto di rappresentanti di genitori e studenti negli organi di garanzia chiamati a pronunciarsi sui ricorsi a livello di scuola e a livello regionale, fermo restando la possibilità di adire il TAR se non soddisfatti.

Insomma, sei articoli di ordinaria follia ministeriale, che fanno dello *Statuto* il documento che più ha minato alle basi la credibilità dei docenti e della scuola. A leggerlo si direbbe che l'alunno non frequenti un'istituzione che ha a cuore la sua formazione e il suo benessere, bensì un luogo nel quale i suoi diritti sono costantemente minacciati e nel quale può essere soggetto a qualsiasi angheria, anche in spregio ai principi fondamentali sanciti dalla Costituzione.

Il DPR 249/1998 non viene dal nulla, ma rappresenta il culmine di quel processo iniziato nei primi anni '70 volto a rendere più democratica la scuola italiana, eliminando ogni forma di autoritarismo. Obiettivo certamente meritorio, peccato solo che nella scuola del 1998 l'autoritarismo era già stato estirpato da un paio di decenni, mentre quel processo avviato trent'anni prima continuava per inerzia, anche dopo il raggiungimento dell'obiettivo. Si può spiegare il malinteso avanzando l'ipotesi che a scrivere la norma fossero persone che avevano frequentato la scuola trent'anni prima e che, non avendoci più messo piede, conservavano della scuola l'immagine dell'epoca.

A tale malinteso se n'è sommato un altro, derivante da quell'approccio pedagogico che ha bandito dalla scuola ogni forma di autorità. Il docente deve persuadere, guidare, accompagnare, ma mai e poi mai impartire un ordine. Niente di strano che le regole siano per conseguenza diventate puramente virtuali. Muovendo dal presupposto (non dimostrato e - temo - non dimostrabile) che la persuasione e l'opera di convincimento siano sempre e comunque efficaci, impartire un ordine è stato stigmatizzato come cosa riprovevole contro cui l'alunno può legittimamente ribellarsi, come è legittimato a ribellarsi il cittadino di fronte al potere che abusa della sua autorità. Con la differenza che nella scuola l'autorità è diventata di per sé stessa abuso. Ne deriva che l'alunno che "non ha voglia" non può essere costretto e, meno che mai, minacciato di sanzione. Sanzione ovviamente che sia proattiva quanto si vuole, che faccia ricorso a tutti i rinforzi positivi che si vuole, ma che trasmetta al bambino in maniera chiara e netta il senso del limite tra ciò che si può e ciò che non si può fare. Oggi, nella scuola se la persuasione non basta, pazienza. Bisogna fermarsi. Pazienza, se domani, seguendo lo stesso principio, l'alunno diventato adulto potrà "non avere voglia" di pagare le tasse, di rispettare il bene pubblico, di rispettare la propria compagna, ecc. Non si capisce dove, se non a scuola, gli studenti dovrebbero apprendere che nella società in cui vivranno sono previste delle regole e che esiste un'autorità deputata a farle rispettare, nonché delle sanzioni per coloro che non le rispettano.

Il ministro Fioroni dovette rendersi conto che forse si era un tantino esagerato, che forse quella individuata dal suo collega col sopracitato DPR non era la strategia più efficace per invogliare gli studenti al rispetto delle regole, anche alla luce degli atti di bullismo che andavano moltiplicandosi. Fissare in quindici giorni il periodo massimo di allontanamento dalla scuola, in effetti, non dava proprio l'idea della sanzione esemplare. Ripristinò quindi le sanzioni precedentemente in vigore, risalenti al R.D. 653/1925, con un nuovo provvedimento, il D.P.R. 235/2007.

Per il resto, il nuovo decreto lasciava immutata tutta la trafila burocratica introdotta dallo *Statuto*. In sostanza, per comminare una sospensione di un paio di giorni, occorre innanzi tutto convocare il Consiglio di classe. La convocazione del Consiglio deve avvenire con almeno cinque giorni di anticipo, perché bisogna dare il tempo ai genitori o allo studente se maggiorenne di poter presentare memorie difensive. Dopodiché la segreteria invia la comunicazione della delibera del Consiglio di classe alla famiglia e deve attendere altri cinque giorni per sapere se lo studente intenda scontare la sospensione a casa o svolgere attività utili alla scuola. Praticamente, passano quindici giorni prima che il fatto o, più spesso, la somma dei fatti, venga sanzionato. Sempreché la famiglia non presenti ricorso all'organo di garanzia interno alla scuola e, in caso di pronunciamento sfavorevole di quest'ultimo, all'organo di garanzia regionale. Ricorsi che ovviamente sospendono l'esecuzione della sanzione. Nel frattempo, lo studente frequenta regolarmente e magari accumula altre note disciplinari, che il mese successivo produrranno ulteriori effetti. Se poi opta per le attività utili, queste consistono in un paio d'ore giornaliere da svolgere dopo l'orario delle lezioni, che continua a frequentare comportandosi, nella maggior parte dei casi, tale e quale a prima. Niente di strano, quindi, se l'effetto deterrente della sospensione sia prossimo allo zero.

Ma forse temendo di avere ecceduto in severità, il ministro Fioroni introdusse pure il Patto educativo di corresponsabilità "finalizzato a definire in maniera dettagliata e condivisa diritti e doveri nel rapporto tra istituzione scolastica autonoma e famiglie". Più che altro una patetica richiesta di aiuto, perché non si capisce quali altri diritti e doveri la scuola dovrebbe condividere, se non quelli abbondantemente enunciati sopra.

A scanso di equivoci, qualora qualcuno temesse ancora una scuola troppo severa, il D.Lgs. 62/2017, attuativo della Buona scuola, "sterilizza" gli effetti delle sanzioni disciplinari sui risultati finali. In altri termini, a meno che il ragazzo non sia incorso in sanzioni gravissime, con sospensione superiore a quindici giorni, anche se ha accumulato decine di note, può tranquillamente essere promosso se consegue un profitto sufficiente. Non sarà certo un incentivo a essere più rispettoso l'anno dopo. Niente di cui stupirsi, invece, se sarà un incentivo per gli altri a esserlo di meno.

Nella primavera del 2018 lo storico Galli della Loggia ha indirizzato una lettera al ministro dell'epoca con una lista di dieci punti su cui dovrebbe basarsi l'azione del Miur per affrontare i problemi della scuola. L'articolo ha suscitato un'ampia eco sui *social* tra addetti ai lavori e docenti, perlopiù critici, se non sarcastici, nei confronti dello storico. Bersaglio preferito, la predella sulla quale collocare la cattedra per ridare prestigio al docente, che costituiva il primo punto della lista. Modesta invece la partecipazione degli studenti. Si direbbe che il dibattito sulla scuola non appassioni molto quelli che ne sono i destinatari. Nessuna eco, invece, la lettera dello storico ha prodotto negli stanzoni di viale Trastevere. Ma questo non sorprende più di tanto. Nessuna eco della scuola arriva negli stanzoni di viale Trastevere. Si susseguono i ministri, di orientamento politico più o meno diverso, ma il ministero procede impassibile sulla sua strada.

Il dibattito che ne è seguito – ma più che di dibattito, si è trattato dell'eterna disfida tra guelfi e ghibellini – si è interamente concentrato sulle proposte più anacronistiche dello storico, e in particolare sulla suddetta predella. In questo modo si è perso di vista – alcuni *hanno voluto* perdere di vista – il presupposto dal quale nasceva l'articolo di Galli Della Loggia e sul quale è difficile essere in disaccordo: le disastrate condizioni in cui versa la scuola italiana, a cominciare dallo svilimento della figura del docente.

Fin troppo facile fare ironia sulla predella: la soluzione sarà pure anacronistica, ma il problema è attualissimo. Ed è quanto mai fuorviante, seppur assai frequente, rispondere alla richiesta di maggiore autorità dicendo che non serve autoritarismo, ma autorevolezza. Si tratta di una risposta sciocca ed elusiva. Autorità, autoritarismo e autorevolezza sono tre cose ben distinte che nelle discussioni sulla scuola vengono spesso buttate lì a casaccio.

È ovvio che in una scuola moderna non ci sia spazio alcuno per il docente autoritario. È necessario invece che sia una figura dotata di autorità, che è cosa ben diversa dall'autoritarismo, così come l'autorità in uno stato democratico non è sinonimo di regime autoritario. L'autorità è necessaria, nella scuola come in ogni altra organizzazione sociale, è il suo abuso, l'autoritarismo, che è deprecabile, nella scuola come nella società.

L'autorevolezza è un di più, che ogni singolo docente, come del resto ogni altro professionista, può possedere o non possedere. È meglio averla, poiché una maggiore autorevolezza conferisce maggiore credibilità al professionista, ma il sistema deve essere organizzato in maniera tale da poter funzionare anche con docenti che autorevoli non sono. Non necessariamente a causa di una preparazione non adeguata, ma anche solo per peculiarità caratteriali. Secondo le stesse regole di ogni organizzazione sociale. Un sindaco autorevole è certamente più efficace, più apprezzato e più amato di un sindaco non autorevole, ma ciò non autorizza nessuno a infischiarsene delle ordinanze di un sindaco non autorevole che sia stato regolarmente eletto.

Così come uno stato (democratico) impone ai cittadini il rispetto del codice della strada, prevedendo sanzioni per le infrazioni, allo stesso modo deve poter agire un docente, che nel contesto della classe rappresenta l'autorità. Deve poter ordinare all'alunno di mettere via il cellulare o di aprire il libro, senza essere mandato a quel paese, come spesso e volentieri accade. La predella di Galli della Loggia appartiene a un'altra epoca e sarebbe del tutto ininfluente, anche perché certe volte non c'è nemmeno la cattedra, rimpiazzata da un misero banco monoposto; ciò che è necessario è ristabilire l'autorità.

Nella scuola attuale, invece, il docente deve conquistarsi il rispetto sul campo, come una medaglia al valore, laddove il rispetto dovrebbe essergli garantito in virtù del suo ruolo. Se lo

Stato lo riconosce capace di svolgere tale ruolo, dovrebbe anche assicurargli le condizioni per poterlo svolgere. Se, viceversa, reputa che manchi dei requisiti professionali ed etici, se cioè può abusare della sua autorità, non lo fa nemmeno entrare in classe. Ma senza autorità risulta molto difficile ottenere il rispetto.

Vi potrebbe forse supplire il valore attribuito alla cultura, il vedere nel docente il depositario di un sapere, un maestro, senonché nella nostra società non solo la cultura ha perso ogni *appeal*, ma è quasi considerata un disvalore. Ragion per cui, privato di autorità, socialmente irrilevante, depositario di un sapere inutile, retribuito peggio di un meccanico, l'insegnante ha praticamente tutti i requisiti per trasformarsi in una specie di *pungiball* sul quale i ragazzi e, perché no?, anche i genitori possono scaricare le proprie frustrazioni e le proprie infelicità.

Non si tratta tanto di difendere le prerogative di una categoria, come erroneamente in questi casi si tende a credere, quanto di assicurare la cornice educativa più efficace. La questione è solo pedagogica: è utile per un ragazzo crescere senza simboli di autorità?

L'indagine del *Global teacher status index* del 2018 pone l'Italia al 33 posto su 35 nel rispetto degli alunni verso gli insegnanti. La responsabile della ricerca mette poi insieme questi dati con i risultati conseguiti dagli studenti nelle prove PISA. Quello che ne viene fuori è che la scarsa stima e lo scarso rispetto degli alunni nei confronti dei docenti va di pari passo con i risultati degli stessi alunni. Dove minore è la considerazione per i docenti, peggiori sono i risultati.

Questo il riscontro statistico. Ma alle medesime conclusioni ci si potrebbe arrivare anche con la semplice riflessione. La mancanza di rispetto verso i docenti implica il venir meno di punti di riferimento, che nella fase della formazione della personalità sono fondamentali. L'idea dei docenti-compagni, che fa il paio con quella dei genitori-amici, rappresenta un *vulnus* nell'educazione del ragazzo, che viene privato di modelli in grado di indirizzarne la crescita. Un ragazzo educato secondo questi parametri sarà un individuo incapace di far fronte alle frustrazioni derivanti da un diniego o da una situazione frustrante, con buone possibilità di essere un disadattato.

Quando avrà finito la scuola e si troverà in una fabbrica o, più verosimilmente, in un *call-center*, le regole esistono e sono pure rigide, mentre i diritti diventano anno dopo anno sempre più evanescenti. Non sarà un passaggio facile per una generazione abituata ad aver ragione a prescindere, ad essere accontentata e assecondata in tutto, e il rischio è che sia sempre più una generazione incapace di difendere nella vita reale i diritti conquistati dalle generazioni che l'hanno preceduta.

Tornando alla *lettera* di Della Loggia, l'enfasi sulla predella ha fatto passare in secondo piano alcune delle altre proposte niente affatto anacronistiche né, tanto meno, campate in aria. Quella di pulire le aule, per esempio. Senza arrivare allo spettro del licenziamento in massa dei collaboratori scolastici paventato da qualcuno, sarebbe già bene obbligare gli alunni a lasciarle in condizioni dignitose, per apprendere una buona abitudine e per imparare il rispetto nei confronti di chi viene dopo a pulire. Oppure il divieto di occupazioni, che si ripetevano ogni anno prima del Covid (e torneranno a ripetersi dopo) con malinconica ritualità come sagre autunnali. Oppure, ancora, il divieto di portare lo *smartphone* a scuola, o comunque di tenerlo acceso, visto che ne fanno già uso a sufficienza fuori.

Senza auspicare adesso una scuola che arrivi agli estremi della pedagogia giapponese, secondo cui il chiodo che sporge va preso a martellate, è indubbio che la scuola abbia bisogno di regole, nonché di strumenti che assicurino il rispetto di tali regole. Non dico che ne debbano uscire tanti soldatini come in Cina, che pure viene presa sempre più a modello anche da illustri personalità riformiste, ma tra la caserma e il caos si danno molteplici soluzioni intermedie. Perché a furia di capire e giustificare i comportamenti di chi delle norme se ne infischia, ci si dimentica del rovescio della medaglia di tali comportamenti, cioè i diritti dei più deboli a non essere vittime di prepotenze, di offese e di atti di bullismo.

11. L'alleanza scuola-famiglia

Fa un po' sorridere questo proclama dal vago sapore biblico coniato dal Miur per sollecitare la collaborazione scuola-famiglia. Tanto più alla luce delle affermazioni contenute nelle *Indicazioni nazionali* del 2012, che individuano "l'attenuazione della capacità adulta di presidio delle regole e del senso del limite", nonché il fatto che "l'intesa tra adulti non è più scontata". E più avanti aggiungono: "sono molti i casi nei quali le famiglie incontrano difficoltà più o meno grandi nello svolgere il loro ruolo educativo". Una volta tanto, infatti, un documento ministeriale coglie lucidamente dei fenomeni dei quali i docenti hanno quotidiano riscontro.

Date tali premesse, la questione della partnership educativa andrebbe presa con molto meno entusiasmo e molta più circospezione di quelli che nello stesso anno vengono auspicate – forse da qualcuno che dell'altro documento era all'oscuro – nella Nota 3214 a essa dedicata.

Sarebbe stato più logico (e utile) promuovere una più netta separazione dei ruoli, se non altro per evitare che quelle inadeguatezze degli adulti evidenziate prima invadano l'ambito scolastico, col rischio che, sotto le insegne di una tale alleanza, la scuola si vada sempre più trasformando, come si sta trasformando, in un'estensione della scuola dell'infanzia, una scuola che, recependo le apprensioni e le priorità dei genitori, diventa sempre più protettiva e sempre meno formativa.

Invece, il sunto finale dei due documenti coevi sembra essere il seguente: i genitori non sono più in grado di fare i genitori, quindi diamogli più spazio anche nella gestione della scuola. Mah…

Si legge infatti nella suddetta Nota 3214, che poi è il documento che sintetizza la linea del Miur:

"Il ruolo dei genitori nella vita scolastica, sia negli istituti statali che paritari, è risultato nel tempo sempre più pregnante, trasformandosi da mera partecipazione agli organi collegiali ad autentica cooperazione alla progettualità e ai processi formativi. È scaturito, quindi, l'obbligo per le istituzioni scolastiche di dare piena esecuzione alle disposizioni normative per introdurre nuove modalità organizzative atte a favorire un maggiore coinvolgimento dei genitori nella vita scolastica, investendoli della corresponsabilità educativa".

Peccato che questo discorsetto si fondi su premesse del tutto fallaci. Non solo il ruolo dei genitori della scuola non si è trasformato in alcunché, ma la stessa partecipazione agli organi collegiali è ormai largamente minoritaria nel primo ciclo, dove nel 2014 appena il 23% degli aventi diritto è andato a votare per eleggere i rappresentanti, e tende a scomparire nelle scuole del secondo ciclo, dove soltanto uno su dieci ha votato. Non di rado in un consiglio di classe manca la componente genitori, perché nessuno si candida e nessuno va a votare. La trasformazione – da qui forse l'origine dell'equivoco – è avvenuta soltanto nei decreti e nelle linee guida del Miur che gli autori della *Nota* hanno confuso con la realtà.

Quando nella suddetta *Nota* si legge che "il protagonismo attivo delle famiglie è ormai un dato acquisito", viene solo da commentare che questi se la cantano e se la suonano, perché francamente non si capisce dove vedano tale "dato acquisito" e a quale "protagonismo" si riferiscano, a parte quello dei più aggressivi di cui si legge abitualmente nelle pagine di cronaca.

Non si vuol certo fare di tutta l'erba un fascio, ci sono padri e madri che riescono a interloquire in maniera serena, ad essere presenti e a non muovere dall'assunto che il figlio abbia sempre ragione, ma è un dato di fatto che nel rapporto con la scuola la stragrande maggioranza dei genitori si vada polarizzando in due estremi, che rimandano entrambi alla difficoltà di stabilire un rapporto educativo equilibrato di cui si è detto prima.

La prima tipologia è quella dei genitori sostanzialmente assenti che caratterizza soprattutto le fasce sociali più deboli e quindi gli istituti tecnici e professionali. Sono spesso genitori indifferenti a qualsiasi sollecitazione della scuola riguardante l'andamento dei propri figli. Alcuni non incontrano i docenti nemmeno una volta all'anno, a volte nemmeno dopo esplicita richiesta di questi ultimi.

Una seconda tipologia, invece, più frequente tra le fasce più abbienti, e quindi tra gli studenti dei licei, manifesta l'atteggiamento opposto. Sono genitori che, letteralmente, tampinano i docenti, vuoi per il compito consegnato due giorni dopo il previsto, vuoi per un argomento non sufficientemente spiegato, vuoi per un richiamo o per altro ancora. I motivi sono pressoché infiniti. Il denominatore comune, però, è sempre lo stesso: i loro figli hanno subito ingiustizie e torti, se non veri e propri abusi di autorità. Nella maggior parte dei casi muovono dalla presunzione di colpa del docente, presunzione che spesso non abbisogna di ulteriori elementi per tradursi in condanna.

Ciò che traspare dalla suddetta *Nota* è l'incapacità di cogliere i cambiamenti intervenuti nella società in questi ultimi decenni, o comunque di proporre un modello di scuola adeguato a tali cambiamenti.

Il Consiglio di Istituto, innanzi tutto, è nella sua composizione un organo ormai obsoleto. Coinvolgere i genitori nella gestione delle istituzioni scolastiche ha avuto una funzione storica importante, quella di aprire la scuola italiana al contributo di idee nuove in un'epoca di grande trasformazione sociale, ma oggi in una scuola che vuol essere moderna non solo a parole, non ha più senso. Per una scuola efficiente, non serve un organo politico eletto che includa genitori e studenti. Serve una guida competente e dotata di reale potere organizzativo (o *manageriale*, come preferiscono dire al Miur), tutt'al più affiancata da figure intermedie di sistema, come auspicato in ambito europeo dal *Progetto Comenius su un quadro di riferimento europeo per la dirigenza scolastica*. Sarebbe questo anche un modo per premiare la crescita professionale dei docenti, sottraendoli a quel piattume nel quale vengono collocati al loro ingresso nella scuola per rimanervi fino alla pensione, a prescindere che continuino a studiare o che non aprano mai un libro.

Non si capisce, inoltre, perché le scelte strategiche della scuola debbano venire da persone che non hanno alcuna conoscenza organizzativa, educativa e didattica, visto che il Consiglio di Istituto definisce: i criteri di assegnazione dei docenti alle classi, il regolamento di istituto, l'adattamento del calendario scolastico, l'acquisto di attrezzature e anche i criteri generali per la programmazione educativa. Da dove discende a genitori e studenti chiamati a farne parte la competenza per prendere tali decisioni?

Non succede per il funzionamento di un reparto di ospedale, affidato a un primario, senza la partecipazione degli eletti dai malati, o per il funzionamento di una procura, dove c'è un procuratore, senza la presenza degli eletti degli avvocati e degli indagati. Non succede in nessun altro ramo della pubblica amministrazione, non si vede il motivo per cui debba succedere nella scuola.

Tanto più che i genitori hanno già la facoltà di riunirsi in comitati, beneficiando dei locali messi a disposizione dalla scuola, e avanzare proposte; lo stesso possono fare gli studenti, che possono anche riunirsi in assemblea di classe e di istituto. Vi è inoltre il Consiglio di classe, nel quale i rappresentanti dei genitori e degli alunni possono interagire con i docenti per tutte le problematiche relative all'andamento della classe.

Coinvolgere genitori e studenti in scelte che sono di carattere tecnico implica il presupposto che i professionisti della scuola, a differenza di magistrati e medici, non siano veri professionisti e non abbiano conoscenze e competenze specifiche, per cui anche il primo che passa può dire la sua.

Ma a sconsigliare l'alleanza dovrebbe essere anche la prudenza. *Mala tempora currunt.* La figura del docente non è mai stata tanto invisa all'opinione pubblica. Ormai è oggetto di un vero e proprio astio collettivo. Il docente è accusato di lavorare poco. Il confronto con impiegati e operai che lavorano trentasei ore è sempre in agguato. Lo faceva già anche don Milani nella sua *Lettera.* Come se tutti i lavori potessero misurarsi in ore e minuti. Come dire che un chirurgo che ha fatto un intervento di un paio d'ore si sia praticamente riposato rispetto a un impiegato che è stato otto ore alla scrivania.

Allora bisognerebbe spiegare che il mestiere del docente si basa su relazioni umane. Appartiene a quella categoria di lavori chiamati professioni di aiuto, che più espongono i lavoratori al fenomeno del *burn-out*. Non a caso i docenti sono tra le categorie lavorative che più fanno uso di psicofarmaci e gli psicologi includono l'insegnamento tra i lavori più usuranti (gli psicologi, non il governo, perché tale inclusione costerebbe troppo). Bisognerebbe pure spiegare che il docente non esaurisce il suo lavoro con le ore in classe, ma che spesso trascorre giornate intere a scuola, partecipa a riunioni e corsi di aggiornamento, si relaziona con dirigente, personale della scuola, assistenti sociali, psicologi, telefona ai genitori, si intrattiene con gli alunni, spesso e volentieri è lui stesso consulente psicologico e assistente sociale, e continua ancora a lavorare a casa.

Bisognerebbe spiegare, infine, che gli orari dei docenti italiani non sono un privilegio feudale, ma li accomunano a quelli di tutti paesi occidentali. Anzi, il numero di giorni scolastici in Italia è tra i più alti d'Europa, i docenti italiani sono tra quelli che lavorano di più, mentre i loro stipendi sono tra i più bassi. Senza contare che l'accesso in ruolo è stato preceduto da venti anni di studi, più partecipazioni a corsi e concorsi vari.

Ma che spieghiamo a fare, per quanto non di concetti astrusi si tratti, nel clima di ignoranza montante hanno una minima speranza di essere compresi solo se arrivano sul profilo *facebook* corredati di disegnino e preceduti da qualche migliaio di *like*. Il cerchio a questo punto si chiude. La scuola, che negli ultimi decenni ha smesso di trasmettere conoscenze, perché il sapere si costruisce, ci presenta il conto. Anzi, il *profilo*.

12. L'inarrestabile burocratizzazione della scuola

Ormai le disposizioni ministeriali vengono accolte dalla maggioranza degli insegnanti con un misto di fastidio e rassegnazione, col sentimento diffuso che non miglioreranno in alcun modo la loro attività quotidiana e non apporteranno alcun beneficio all'insegnamento, ma che si risolveranno semplicemente in ulteriori carichi di lavoro privi di senso, se non controproducenti. Ha voglia il Miur a ripetere, come se lo sospettasse, che le disposizioni relative al *Rapporto di Autovalutazione* o al *Piano Didattico Personalizzato* non vanno intese come meri adempimenti burocratici, perché proprio come tali vengono percepite e come tali vengono quindi svolte.

Ma quali sono i motivi all'origine della repulsione così largamente diffusa tra il personale della scuola verso il cannoneggiamento di "innovazioni" proveniente da Viale Trastevere?

Certamente non siamo di fronte a una massa di scansafatiche, semmai il contrario. La stragrande maggioranza dei docenti adempie con scrupolo e abnegazione a quelli che sono i doveri connessi al proprio lavoro, è capace di adattarsi alla realtà in cui opera, spesso facendo di più, o anche molto di più, di ciò che è tenuta a fare. Né siamo di fronte a una corporazione di conservatori, che rifiuta l'avvento della modernità - pomposamente annunciato dal Miur a ogni nuova circolare - in virtù di convinzioni astratte e identitarie. Al contrario, il corpo docente costituisce una delle categorie sociali più progressiste e più disposte al cambiamento, composta perlopiù da persone dotate di buona cultura e di apertura mentale.

Sfortunatamente (per il Miur), però, dispone anche di un buon senso critico, ed è in grado di valutare l'impatto effettivo che una nuova norma o una nuova direttiva può avere sul proprio lavoro. Se si rende conto che tale impatto è nullo o addirittura controproducente, se capisce che innova soltanto a parole e si traduce nei fatti solo in un inutile aumento di lavoro, è ovvio che adempirà alla nuova incombenza con lo spirito opposto a quello richiesto dal ministero, cioè proprio come un mero adempimento burocratico di cui liberarsi nella maniera più rapida possibile.

È opinione condivisa, da Fayol in poi, che il buon funzionamento di un'azienda dipenda, per rimanere nel campo aziendalistico tanto caro al Miur, dall'autorevolezza e dalla credibilità del management. Un manager come Marchionne, per esempio, poteva essere contestato o criticato anche duramente dai lavoratori, ma nessuno di loro avrebbe sollevato dubbi circa la sua conoscenza dell'azienda e la sua capacità di dirigerla. La credibilità dei vertici del Miur, invece, ormai rasenta lo zero. Non tanto dei ministri, tra i quali comunque se ne sono segnalati alcuni che definire inadeguati suona come eufemismo, ma proprio dei funzionari del ministero. Non so quanto sia diffusa nella società la consapevolezza del naufragio fatto dalla nostra scuola nell'ultimo ventennio, di certo quelli del Miur non hanno alcuna cognizione di cosa la scuola sia realmente oggi. La percezione che si ha di costoro è quella di persone isolate in una sorta di paradiso artificiale di modelli teorici completamente scollegato dal mondo reale. La produzione di circolari, note, decreti, riforme e riforme delle riforme, che procede con lo stesso ritmo della catena di montaggio di *Tempi moderni*, risulta inversamente proporzionale alla sua efficacia. Con tutta probabilità la scuola continuerebbe a funzionare come funziona oggi anche se il Miur venisse abolito. Anzi, funzionerebbe certamente meglio.

Ci si potrebbe chiedere perché i docenti non reagiscano, perché un sentimento di disistima così diffuso non si esprima in maniera forte. Il motivo va probabilmente ricercato nell'eterogeneità della categoria. A fronte di una componente rilevante di docenti consapevoli di questa situazione, vi sono molte altre tipologie. Sono ben rappresentati quelli più realisti del re, vittime di una sorta di bulimia di innovazione, che all'arrivo di ogni novità fanno a gara nel predisporre protocolli attuativi, e che tanto ricordano gli interventisti della prima guerra mondiale: pochi, ma rumorosi. Sono ben rappresentati anche gli ottusi esecutori di ordini, pronti a mettere in pratica qualsiasi stramberia con la stessa passiva diligenza con cui da ragazzi ripetevano la lezione mandata a memoria, paventando a ogni momento il severo intervento del megaispettore galattico. Ci sono poi gli sperimentatori impenitenti, che ancora vagano nelle aule scolastiche come esploratori convinti di approdare prima o poi nell'eldorado della didattica. Ci sono i primi della classe, animati dalla voglia di emergere sempre e comunque, e che spesso si confondono con una o più delle precedenti tipologie. Quelli che vengono a scuola per hobby e, come si suol dire, *nun gliene pò fregà de meno*, per finire con le vere e proprie mine vaganti, che non avrebbero nemmeno i requisiti intellettuali e umani minimi per varcare i cancelli di una scuola, e che non solo li varcano impunemente, ma nei casi più sfortunati finiscono pure per essere selezionati come dirigenti.

Si capisce dunque, date tali premesse, come esprimersi con una voce sola sia una possibilità irrealizzabile. La categoria dei docenti finisce con l'apparire simile a un grosso pachiderma, che nel momento in cui viene molestato da uno sciame di insetti risulta incapace di reagire. Non perché il suo livello di sviluppo cerebrale sia basso, ma solo perché le sue dimensioni gli impediscono di avere il coordinamento e l'agilità necessari. Ne deriva che finisce per accettare la propria condizione con una sorta di rassegnato fatalismo.

Senza poi considerare il disinteresse che circonda il mondo della scuola e l'ormai radicata ostilità verso i docenti di cui s'è detto. Pur ammettendo la remotissima possibilità che il personale scolastico riuscisse a mettere in atto azioni clamorose, tipo scioperi a oltranza, tali iniziative scivolerebbero nell'indifferenza generale, o tutt'al più finirebbero per attirare sui docenti ulteriore rancore e ulteriori improperi.

Così, la burocratizzazione della scuola procede inarrestabile. Probabilmente è stato l'unico ambito lavorativo nel quale la rivoluzione digitale ha finito col rivelarsi un boomerang.

L'avvento dei computer ha aumentato il carico di lavoro piuttosto che diminuirlo, moltiplicando a dismisura la produzione di documenti cartacei. Ormai, anche per fare vedere un film ai ragazzi, per visitare un museo o per andare a fare una passeggiata lungo il fiume, bisogna prima compilare schede e redigere un progetto, nel quale deve comparire con dovizia di dettagli cosa gli alunni impareranno e come lo impareranno, le strategie messe in atto, le tattiche, il peso dell'imponderabile, ecc.

Uno degli esempi più tangibili di tempo ed energie sprecate è il costante aumento di riunioni. Si direbbe che nella scuola ogni occasione ormai sia buona per organizzare riunioni. Nemmeno nelle multinazionali ci si riunisce con gli stessi ritmi. Anche perché nelle multinazionali si lavora. Nella scuola invece, complice la convinzione che i docenti uscendo dalla classe abbiano finito di lavorare, si sciala.

Ai tradizionali Consigli di classe convocati per la valutazione quadrimestrale e per la valutazione intermedia, si sono aggiunti negli anni riunioni dei dipartimenti, unità di valutazione, GLIC, commissione viaggi, unità di inclusione, consigli di classe per gli alunni disabili, DSA, BES, e via discorrendo. A ciò si aggiunge la necessità di riunirsi anche per sospendere un alunno per un paio di giorni.

In tal modo, per un motivo o per l'altro, decine di docenti sono obbligate a stazionare a scuola per giornate intere, visto che per la maggior parte di loro è impossibile rientrare a pranzo e tornare alle due e mezza.

Riunioni che ovviamente vanno preparate e puntualmente verbalizzate, mica ci si ritrova e basta. Soprattutto se si tiene conto dei progressi della ricerca americana, che anche in questo ambito ha prodotto una letteratura tutt'altro che trascurabile, nella quale, a parte le congiunzioni astrali e il *Feng Shui*, ogni altro aspetto utile ad ottimizzare i risultati è stato approfondito. Nell'aziendalismo nulla è lasciato al caso.

Una tale perdita di tempo in qualsiasi vera azienda farebbe rizzare i capelli ai responsabili delle risorse umane. Per chi invece conosce la scuola di oggi e il *modus operandi* del Miur, niente ormai sorprende più di tanto. La sola cosa strana, se proprio vogliamo stupirci di qualcosa, è che continuino a chiamarsi riunioni. Probabilmente, laggiù, al Miur, sarà sfuggito che nelle aziende non si fanno più riunioni, ma *meeting*. Ma per certo, non appena se ne renderanno conto, arriverà puntuale una nuova circolare, nella quale si spiegherà con la solita dettagliata prosopopea che le riunioni nel loro tradizionale svolgimento sono dispersive e incidono negativamente sull'attività lavorativa e che in un'ottica di maggiore efficienza del servizio erogato da quel momento in poi saranno sostituite da *meeting*. I docenti saranno quindi invitati a coglierne la valenza innovativa, apportando il loro contributo in maniera partecipe e convinta e non come mero adempimento burocratico.

L'esperienza imposta dal Covid ha mostrato come non solo nella maggior parte dei casi tali riunioni si possano tranquillamente svolgere on line, ma che in questo modo ne guadagnano pure in linearità ed efficienza. Ma anche in questo caso, pensare che passata l'emergenza possano continuare a essere utilizzate, appare un'ipotesi piuttosto audace.

13. La scuola-azienda (ovvero l'antiscuola)

Una multinazionale licenzia alcune centinaia di operai, non perché gli affari vadano male, anzi, gli affari vanno benissimo, licenzia a seguito di una fusione industriale. Come si usa dire in questi casi, con uno dei tanti eufemismi sempre utili, prima e dopo il buon Azzeccagarbugli, a perorare la causa del prepotente: razionalizza. Nella nota con la quale annuncia il benservito ai lavoratori spiega che il provvedimento le permetterà di raggiungere la sua *vision*.

Questo tipo di comunicazioni suonerà familiare al personale della scuola, che da una quindicina d'anni a questa parte sente ormai come suo questo linguaggio aziendale, magari credendo, loro che quando si parla di *vision* pensano al PTOF o al Rapporto di Autovalutazione, che essa sia un po' fuori posto nel comunicato di una multinazionale. No, non è fuori posto, anzi è proprio nel suo luogo naturale. O meglio, nel luogo dove l'hanno collocata i profeti del neoliberismo. Ovviamente non si parla di visioni e visionari, non si parla di precorrere o solo immaginare un futuro. In questo caso essa è totalmente curvata alle esigenze del profitto. Queste *vision* aziendali, così straordinariamente simili tra loro, dovrebbero essere invece fuori posto nella scuola. Tanto che questo termine, forse meglio di tutti gli altri, può essere preso a simbolo della sua assurda deriva pseudo-aziendalistica.

Un dirigente che non la infila in una delle sue tante relazioni rischia di passare per contemporaneo dei *Flintstones*. Una scuola senza una *vision* si presenta come un peso morto sulla società, un'entità statica messa lì a sbarrare la luminosa strada del progresso. Come se prima dell'avvento del *reganismo*, che questa mentalità aziendalistica ha eretto a sistema, la scuola fosse stata lì, dall'Accademia di Platone in poi, a rigirarsi i pollici per secoli, senza *vision* e senza *mission*, nell'attesa di vedere spuntare questi apostoli del management per conferirle consapevolezza, per dirle cosa dev'essere e dove deve andare.

Oggi la nostra scuola non si relaziona, si interfaccia; non forma, eroga un servizio all'utenza; non interagisce con la comunità, rendiconta agli *stakeholder*; non risparmia e, soprattutto, non taglia, *razionalizza*. Sulla scia della cultura del management si è fatta strada una neolingua, composta di termini che non sarà eccessivo definire killer, perché denotano il progressivo naufragio della natura stessa dell'istituzione scolastica.

Utenza. È una parola orribile. In primo luogo, perché assimila lo studente a un consumatore, piuttosto che a un cittadino. In secondo luogo, perché introduce quella dinamica di competizione sottesa all'idea che le scuole debbano in qualche modo contendersi gli studenti, come le aziende che si contendono i clienti, laddove l'organizzazione scolastica territoriale si basa sul principio di ampliare e diversificare il più possibile l'offerta formativa, per cui difficilmente capita che lo studente possa scegliere tra due licei classici o due scientifici nello stesso quartiere o nello stesso paese. Ne deriva quindi che un liceo classico o scientifico "competitivo" dovrebbe sottrarre "utenti" a un altro tipo di scuola, magari un istituto tecnico o a un professionale, finendo per attirare "utenti" che nessuna inclinazione hanno per quel tipo di studi.

Erogazione di un servizio. L'idea che la scuola eroghi un servizio come una qualsiasi azienda è un'idea che ne snatura valori e funzione. Erogare un servizio ha un valore molto riduttivo. La funzione della scuola è quella di coadiuvare i genitori nell'educazione del ragazzo. Oppure finiremo per considerare erogazione di un servizio anche la crescita di un figlio?

Customer satisfaction. La scuola non deve soddisfare né i genitori né altri. Deve solo adempiere alla propria funzione secondo quanto stabilito dalla Costituzione e conformarsi ai principi in essa enunciati. Punto. Invece, nella deriva del libero mercato, anche il più minuscolo ente delle più sperdute lande non può prescindere dal verificare la *customer satisfaction*. Ormai mancano all'appello solo le parrocchie, che probabilmente quanto prima presenteranno il loro bravo opuscolo dei servizi erogati e stileranno il loro bilancio sociale accompagnato da immancabili indagini di "*customer satisfaction*".

Stakeholder. Altro termine californiano che non si può pronunciare senza sorridere. Nella vita della scuola ci sono studenti, docenti, genitori e comunità. Nella scuola non esistono portatori di interessi per il semplice motivo che l'interesse in gioco è uno solo e accomuna tutti i soggetti coinvolti. Lo studente frequenta la scuola per apprendere, e questo corrisponde all'interesse dei genitori, dei docenti, della comunità e dello studente stesso. Adottare, impropriamente, un termine che attiene a precise dinamiche economiche, cioè al processo produttivo e/o all'impatto sociale dell'impresa, significa da una parte veicolare l'idea che esistano interessi divergenti nell'ambito dell'azione della scuola (di che tipo?), dall'altro condurre passivamente la scuola proprio dove la si vuol condurre, cioè dentro il perimetro del libero mercato.

Cultura dell'autovalutazione. Formula inventata per edulcorare il dogma della produttività. Ogni dipendente deve continuamente essere sollecitato a migliorare, a produrre di più; se hai conseguito risultati migliori del 10%, l'anno dopo devi conseguirli del venti. Ma che cosa c'entrano queste idee con la scuola? Quei professori amati dagli studenti, che riescono a diventare ai loro occhi maestri di vita, a prescindere dal programma svolto e dalle metodologie con cui l'hanno svolto, che faranno? No, perché in questa frenesia aziendalistica non è più concepibile che tu possa continuare a essere quello che sei. Significherebbe vivere di rendita. La logica aziendale pretende innovazione permanente volta a conseguire un miglioramento costante, un valore aggiunto misurabile, oggettivo, rendicontabile.

Eppure, per capire l'enormità di questo processo, bisogna rendersi conto di come non solo la logica aziendalistica non abbia nulla a che vedere con la missione della scuola, ma che è rispetto ad essa quanto di più antitetico possa esistere.

La "razionalità strumentale", che sta alla base del mondo degli affari, afferma Baumann, mette da parte i sentimenti morali. "I mezzi devono essere sfruttati in modo tale da ottenere il miglior risultato possibile [...]. Quanto possono rendere i mezzi a nostra disposizione è la sola domanda che ci si può porre per decidere come utilizzarli. Le altre domande – e in special modo quelle di carattere morale – vengono liquidate in anticipo sulla base che non hanno senso dal punto di vista degli affari". Invece, come detto nel *Progetto Comenius* citato prima, "l'obiettivo della scuola è [proprio] di trasmettere valori etici, educativi, politici e culturali".

Non so se, come qualcuno sostiene, l'aziendalizzazione della scuola (e dei servizi sociali più in generale) rientri in una strategia studiata a tavolino volta a colpire le conquiste sociali del Novecento; di certo sempre più forte si va facendo la sensazione che tutto questo dinamismo di riforme e innovazioni preluda a un futuro – già si sente qualche voce levarsi, va da sé in nome dei sacri principi dell'efficienza e dell'ottimizzazione del servizio – di progressivo disimpegno dello Stato e dell'entrata dei privati nella gestione della scuola pubblica.

Il primo passo di tale processo è proprio quello di spogliare la scuola della sua natura *sociale*, riducendola a un servizio come un altro, erogabile allo stesso modo da chiunque, privando così lo Stato della peculiarità della sua funzione.

Teoricamente qualsiasi privato può aprire una scuola, ma, a differenza di quella statale, la scuola privata si basa sulla "logica degli affari". Assolve alla sua funzione nel momento in cui i genitori dei suoi studenti (questi, sì, *utenti*) sono soddisfatti del servizio ricevuto. Tale soddisfazione prescinde dai valori etici trasmessi. Un industriale, per esempio, può non avere nulla in contrario e anzi essere ben lieto che la scuola per la quale paga una retta di cinquemila euro al mese insegni al figlio o alla figlia che i ricchi devono sentirsi superiori perché più ricchi e che le storie di uguaglianza sono tutte fandonie. Un clericale, per fare un altro esempio, può pretendere che l'istruzione del figlio sia basata sul primato della religione e considerare inaccettabile la laicità.

La scuola pubblica, invece, si fonda su un obbligo etico verso la collettività, è – come si dice con un termine tanto abusato quanto male applicato – inclusiva. Nel suo agire non può prescindere dall'etica e dal veicolare messaggi etici. La scuola pubblica mira a formare il cittadino, mentre quella privata a soddisfare l'utente: due obiettivi, come si è visto, non sempre e non necessariamente coincidenti.

Parlare di *customer satisfaction* per la scuola pubblica è una mistificazione. L'espressione ha senso per il privato nel quale l'utente paga e ha un potere contrattuale. Se io non sono soddisfatto di un liceo privato, iscrivo mio figlio in un altro liceo più rispondente alle mie aspettative. Ma se io non sono soddisfatto di una scuola pubblica e non ho le disponibilità economiche per mandare mio figlio in una scuola privata, posso solo tenermi l'insoddisfazione oppure iscriverlo in un'altra scuola pubblica nella quale con tutta probabilità troverò una situazione non molto diversa.

Applicare dunque la logica aziendale alla scuola pubblica significa sottrarle la sua specificità e metterla sullo stesso piano, e dunque spingerla alla competizione, con la scuola privata. L'esito di tale confronto è scontato. Oltre a contare su un bacino selezionato, la scuola privata potrà permettersi di selezionarlo ulteriormente, eliminando quegli elementi che nuocciono al suo buon funzionamento, in quanto non ha l'obbligo morale di prendersi cura di chi è più in difficoltà. In sostanza, le scuole private saranno sempre più performanti, riscuoteranno l'apprezzamento dei propri utenti e vedranno il loro prestigio sociale crescere sempre più. Per convesso, nel pubblico rimarranno le frange più penalizzate e difficili, che a loro volta contribuiranno a rendere il servizio sempre più penalizzante e difficile.

Nello stesso tempo, allargando la visuale, si cancella anche la specificità che sta alla base dell'azione statale. A essere colpito, alla fine, è lo stato sociale, reso sempre più scadente in modo da spingere quanto più utenti possibile verso il privato. Un obiettivo che non è una scelta politica come un'altra, perché il danno si ripercuote su tutta la collettività. La scuola (come la sanità), infatti, non è un servizio come un altro, bensì un ambito nel quale il fondamento etico è imprescindibile. Affidarla al mondo degli affari espone la società a un ulteriore rischio di frammentazione e di scadimento etico.

In questa cornice è stata introdotta, dalla mai abbastanza deprecata riforma Moratti, l'alternanza scuola-lavoro. Quella che potrebbe avere un senso per le scuole professionali, estesa a tutte le altre tipologie di scuola, diventa soltanto un grottesco avamposto dell'aziendalismo e un inutile spreco di tempo e risorse. Il risultato ultimo, ammesso che non sia il vero obiettivo, è svuotare sempre più la scuola della sua funzione, distogliendo i ragazzi dallo studio, dato che tale alternanza nella stragrande maggioranza dei casi è completamente avulsa dal loro percorso formativo. Se veramente si voleva creare un ponte tra scuola e società, bastava prevedere degli stage estivi presso enti pubblici od organizzazioni non governativi.

Intanto, a fronte della scuola-azienda, che ha preso vita nei decreti del Miur, ci sono i fatti. All'eloquio altisonante e profetico, a metà tra la nuova frontiera kennediana e la rivoluzione permanente maoista, delle circolari ministeriali e delle linee guida, fanno da contraltare la necessità di molte scuole di stringere la cinghia anche sulla carta igienica, attività straordinarie dei docenti che a volte non raggiungono i dieci euro lordi l'ora, "scuole di frontiera" dove più che di *mission*, c'è bisogno di missionari, ecc. Non dimentichiamoci che i roboanti annunci di radicale trasformazione si chiudono sempre abbastanza prosaicamente con l'immancabile formula del "senza ulteriore aggravio per le finanze dello Stato".

Ecco la scuola-azienda, l'ha fotografata il *Rapporto sulla scuola del 2021* di *Cittadinanza attiva*: "tre crolli al mese, 54% di scuole prive agibilità statica e due su tre senza certificato di prevenzione incendi".

14. Gli americanismi

Strettamente connesso alla cultura manageriale è il trasporto per la lingua d'oltreoceano. Quando leggendo documenti ministeriali mi imbatto in certe espressioni, tipo "skillaggi professionali" (Rapporto Bertagna), mi vengono alla mente quelle forme italianizzate utilizzate dagli emigranti italiani negli Stati Uniti del primo Novecento, tipo giobba (*job*), trobolo (*trouble*), Broccolini (Brooklyn). Mi pare che ad accomunarli vi sia l'identico spirito che stava alla base di quegli adattamenti. Ovvero, quello del provinciale che cerca di appropriarsi della lingua della civiltà superiore, nell'illusione di avvicinarsi al giorno in cui di quella civiltà sarà cittadino a pieno titolo. Allora, vuoi mettere, skillaggio anziché abilità, capacità o esperienza, è tutta un'altra storia, sei già con un piede a Brooklyn, anzi, a Broccolini. Presto i docenti più volenterosi non diranno che il ragazzo ha raggiunto le competenze attese, ma, più semplicemente, che è abbastanza o perfettamente skillato. Oppure *swapperanno* due studenti di posto, *splitteranno* l'argomento in due parti, e così via.

Nella scuola, americanismi e modernismo sono due facce della stessa medaglia, di quella fideistica convinzione diffusa negli stanzoni di viale Trastevere che debba spuntare da Occidente il sol dell'avvenire. È una malattia cronica della società italiana, e non solo italiana, quella di prendere gli Stati Uniti come modello. Eppure, l'estraneità di quel mondo alla nostra tradizione culturale dovrebbe metterci sull'avviso. Scrive Terzani: "Avevo visto un'America arrogante, ottusa, tutta concentrata su sé stessa, tronfia del suo potere, della sua ricchezza, senza alcuna comprensione o curiosità per il resto del mondo [...] senza alcuna autoironia [...] Gli americani mi parevano [...] vittime di un qualche lavaggio del cervello; tutti dicono le stesse cose, tutti pensano allo stesso modo [...]

L'America mi aveva fatto paura".

Non si vuole adesso fare antiamericanismo fuori tempo massimo, ogni cultura è rispettabile e ogni paese è libero di seguire le politiche culturali che crede. Si dirà pure che è nell'ordine delle cose che l'egemonia politica si traduca in egemonia culturale, anche a scapito di culture con ben altra tradizione come la nostra, ma fin quando ciò avviene per forza di cose, ci si può pure ridere sopra, come col *maccarone* di Alberto Sordi. Quando invece discende direttamente dal Miur, deputato a tutelare l'identità culturale nazionale, la cosa risulta quanto meno imbarazzante. Che debba essere proprio il ministero della pubblica istruzione a farsi facilitatore di tale processo pare, anzi è francamente troppo.

Non è questione di primati e sciovinismi, ma solo di puro e semplice senso del ridicolo. Fino a che la contaminazione linguistica è confinata, che so, al gergo informatico, ancora ancora. Non è il caso di accanirsi a utilizzare *calcolatore* al posto di *computer*, né fare come i francesi che hanno tradotto *mouse* con *souris*. Uno Stato che legifera in materia linguistica può apparire come un'esagerazione. Non si vuole arrivare alla xenofobia linguistica che ai tempi del fascismo, come ricorda De Mauro, altro autore citato spesso a sproposito dal Miur, in un suo saggio dedicato alla questione della lingua, spinse "gli infelucati accademici dei Lincei [...] a proporre sostituzioni: in luogo di *bar* proposero che si dicesse *quisibeve*, *barra* o perfino *bara*; in luogo di *cocktail cottaglio*, *misce* o, se più aggradasse, *zozza*, in luogo di *oblò oblotto* e *overtura* o *apertura* in luogo di *ouverture*, ecc." Ma qui siamo all'estremo opposto, è proprio lo Stato che si fa promotore di tale imbarbarimento linguistico. Perché tale oggettivamente è questa mescolanza di italiano, inglese ed ibridi. Tanto fanno sorridere le soluzioni degli "infelucati accademici", quanto quelle del Miur, che rappresentano l'estremo opposto.

Se è utile che alcuni documenti del Miur siano accessibili anche a un pubblico anglofono, che vengano pubblicati anche nella traduzione inglese. Pubblichiamoli anche in cinese, se si ritiene che i cinesi saranno interessati al funzionamento della nostra scuola, ma qual è la necessità di questa mescolanza scriteriata, di questi neologismi ridicoli, che non aumentano la chiarezza del testo e non allargano la platea dei suoi fruitori? La comunicazione ufficiale deve mirare a raggiungere la più ampia platea possibile attraverso le scelte linguistiche più comprensibili, non dare prova o farsi promotrice di un presunto avanguardismo linguistico-culturale. Allora, ai fini strettamente comunicativi, la maggior parte degli italiani capisce più facilmente *abilità* o *skillaggio*?

Nel 2015 è stato avviato il *Piano Nazionale per la Scuola Digitale*. L'ambizioso obiettivo, forse più delle somme stanziate, è costruire la scuola del futuro, "spazio aperto [...] e piattaforma che metta gli studenti nelle condizioni di sviluppare le competenze per la vita". Oltre all'innovazione strutturale e alla digitalizzazione amministrativa, il PNSD mira a quella che in francese viene chiamata *éducation aux médias*. In italiano, cioè in inglese, la *media literacy*. Agli autori del documento, evidentemente già oltreoceano, *alfabetizzazione digitale* o *competenza mediale* suonavano male.

Scorrendo le varie azioni previste dal *Piano*, si imparano molte cose nuove. Innanzi tutto, si scopre che oltre il già noto *peer education*, esiste tutto un filone da esplorare: il *peer review*, il *peer teaching* e il *peer tutoring*.

Si apprende inoltre che saranno attivate *research unit*, si parlerà di *problem posing and solving* nell'insegnamento della matematica, *social learning*, *best practice*, si svilupperà un'azione per *girls in tech & science* e si organizzeranno pure *challenge prizes* (noti anche come *inducement prizes*), servizi di *single sign-on*, *foundational literacy*, e altre mirabilia succederanno.

"Cautela nell'uso di altri esotismi di là delle strette necessità tecniche o espressive", scrive ancora De Mauro nello stesso saggio, citando le regole elaborate da Bruno Migliorini. "Purtroppo", continua l'ex ministro, "non tutti riescono ad attenervisi: frettolosità giornalistiche, snobismi intellettualistici, boriosità specialistiche, bisogno di catturare lettori o clienti soggetti ingenuamente proprio al fascino di locuzioni esotizzanti, come per secoli avevano accreditato il *latinorum* dell'Azzeccagarbugli manzoniano [...], così favoriscono in titoli di giornali, nella pubblicità, nella saggistica colta (o tale almeno nelle intenzioni) usi inutilmente ridondanti di parole straniere".

A questo elenco aggiungiamo il Miur. Anzi, riconosciamogli il meritato ruolo di capofila con la pubblicazione, avvenuta nel 2018, del *Sillabo per l'imprenditorialità*.

Tra le competenze promosse dal Parlamento europeo, vi è proprio lo spirito di iniziativa e di imprenditorialità. Nella nuova economia ognuno diventa imprenditore di sé stesso. Anche l'operaio. Continuerà a essere sfruttato come e peggio di prima, ma almeno ci saremo messi alle spalle ogni fantasma di lotta di classe, visto che saremo tutti imprenditori e dunque tutti colleghi.

Su tale documento il *Gruppo Incipit* dell'Accademia della Crusca, che si occupa di "monitorare i neologismi e i forestierismi incipienti", ha diffuso un comunicato dal titolo eloquente: "Sillabo per l'imprenditorialità o sillabario per l'abbandono della lingua italiana?". Si riporta un passaggio nel quale gli autori ben riassumono le funzioni del documento:

"Concretamente, questo pare il messaggio del *Sillabo*: per imparare a essere imprenditori non occorre saper lavorare in gruppo, bensì conoscere le leggi del *team building*, non serve progettare, ma occorre conoscere il *design thinking*, essere esperti in *business model canvas* e adottare un approccio che sappia sfruttare la *open innovation*, senza peraltro dimenticare di comunicare le proprie idee con adeguati *pitch deck* e *pitch day*."

Del *Sillabo* è già stato detto, giustamente, tutto il male possibile. Un documento semplicemente illeggibile, dove la percentuale imbarazzante di anglicismi si somma a una lunga lista di banalità aziendalistiche, che danno la cifra del provincialismo, dell'approssimazione e della superficialità di certe teste d'uovo attive a Viale Trastevere.

"Ma queste persone ci credono a quello che dicono?", ci siamo alla fine domandati in molti.

Personalmente, di primo acchito, avrei detto di no. Ma,

riflettendoci, lo avrei detto immedesimandomi in loro. Mi spiego meglio. Se fossi stato io a dire quelle cose, non ci avrei creduto. In realtà, è probabile che loro ci credano veramente. Vendere fumo, del resto, è diventata un'attività così diffusa e remunerante che non ci sarebbe nulla di cui stupirsi se gli stessi venditori di fumo avessero finito col credere di vendere un bene reale, o finanche prezioso.

Eppure, con tutto questo cambiamento sbandierato a 360 gradi, con tutti questi profeti del mondo nuovo, con tutta questa modernità che avanza con passo marinettiano, il Miur non è riuscito ancora a risolvere l'annoso problema di scrivere circolari e note ministeriali utilizzando l'accento al posto dell'apostrofo. Sarà questione di *skillaggi* professionali meramente esecutivi? O forse, nell'ansia di adeguarsi al modello d'oltreoceano, al ministero adoperano solo tastiere americane?

15. Il valore della scuola nella nostra società

Le criticità della nostra scuola, come accennato sopra, rimandano a una questione più grande, quella del rapporto tra scuola e società. Per essere più precisi, il valore che la società riconosce alla scuola. Se, da una parte, la scuola ha il compito di valorizzare le potenzialità delle giovani generazioni in modo che domani esse possano cambiare in meglio la società, dall'altra parte, affinché il suo insegnamento sia oggi riconosciuto come credibile, deve essere in coerenza col mondo esterno e i suoi valori, per il semplice motivo che qualsiasi insegnamento non coerente con il mondo reale rischia di scontrarsi con un muro di gomma. È difficile per la scuola essere presidio di legalità, se la legalità non è ben presidiata anche al suo esterno, così come è difficile convincere gli studenti che trascorrere anni sui libri serva a qualcosa in una società nella quale il successo non è più collegato al lavoro e al sacrificio, ma ti cade addosso con un *reality* alla stregua di un biglietto della lotteria.

L'azione della scuola, a ben vedere, è prigioniera di una sorta di aporia: per sua natura punta a migliorare il mondo, ma per essere credibile deve somigliare al mondo com'è. Tra scuola e società vi è un rapporto di reciproca interdipendenza, che può di volta in volta declinarsi in circolo virtuoso o vizioso. Dipende se prevale l'influenza della scuola sulla società o il contrario. Nel primo caso, la scuola riesce a formare generazioni migliori delle precedenti, le quali, a loro volta, produrranno una scuola migliore, che produrrà generazioni ancora migliori, e così via; nel secondo caso, invece, il risultato opposto genererà una spirale negativa. Che si verifichi l'una o l'altra di queste due possibilità dipende dal valore attribuito alla scuola (e all'istruzione in generale) e dalla fiducia in essa riposta dalla società.

Ogni discorso sulla scuola, come si vede, finisce

necessariamente per trascendere la scuola. Bisogna per forza di cose collocarlo all'interno di un quadro più ampio. Bisogna allora interrogarsi, per parlare di noi, su quale sia stata la politica culturale nel nostro paese negli ultimi trent'anni.

La risposta, ahimè, è tanto semplice quanto sconfortante: in Italia la scuola non è mai stata strategica. Vista nella prima Repubblica come una fabbrica di consenso, è diventata nella seconda un peso morto da "razionalizzare". "Senza nuovi o maggiori oneri per la finanza pubblica": questa è la formula più ricorrente nella normativa scolastica italiana. O "nel limite delle risorse assegnate", o altre varianti analoghe. Fuori dalla terminologia giuridica, le nozze coi fichi secchi. Il Miur segue la stessa logica del povero che preso dalla smania di rinnovare il proprio appartamento, ma non potendo permetterselo, si limita a cambiare in continuazione la disposizione del mobilio. Ecco dunque la pioggia di innovazioni metodologiche, sperimentazioni, progetti, ecc.: un frenetico spostare i mobili da una parte all'altra della stanza. Sempre, rigorosamente, "senza nuovi o maggiori oneri per la finanza pubblica". L'Italia, Grecia e Portogallo sono gli unici tre paesi dell'area Euro nei quali nell'ultimo decennio la spesa per l'istruzione, già ai minimi, è ulteriormente diminuita in termini assoluti. Dal 2008 al 2017 in Italia è diminuita di circa cinque miliardi di euro, mentre nello stesso periodo in Francia è aumentata di tredici miliardi e in Germania di trenta.

Né c'è da sperare nei privati. In Germania, per esempio, il sistema duale è molto qualificato ed è sostenuto per i due terzi del fabbisogno dagli industriali. E in Italia? Quanto ha contribuito la grande industria al fabbisogno della scuola? A fare una ricerca su internet "contributi di aziende alla scuola" escono solo dati riguardanti i contributi ottenuti dalle aziende per l'alternanza scuola-lavoro. Ma non si può escludere che agiscano nell'ombra.

D'altro lato, per avere un'idea del valore assegnato alla cultura anche tra le classi più agiate, basta il desolante dato riportato ancora da De Mauro nel suo libro *La cultura degli italiani*: il 40% dei dirigenti, imprenditori e liberi professionisti non legge nemmeno un libro all'anno. Afferma l'ex ministro: "una classe dirigente male alfabetizzata è la rovina di un paese, molto più di un crollo della Borsa".

Ahimè, l'input capace di innescare il circolo virtuoso della scuola che agisce positivamente sulla società dovrebbe venire dai decisori politici. Ma si tratta di un'ipotesi assai remota, in quanto presupporrebbe una visione a lungo termine che è estranea all'agire politico contemporaneo. Oggi viviamo in un contesto nel quale la quasi totalità dei politici ragiona e agisce in termini di popolarità a breve o, per meglio dire, a brevissimo termine. Tra i grandi risultati visibili tra un decennio e i piccoli monetizzabili alla prossima tornata elettorale non c'è partita.

Puntare sulla scuola presupporrebbe inoltre l'ancor più raro presupposto di una visione di lungo periodo che anteponga l'interesse nazionale al tornaconto politico. Si tratta di iniziative impopolari per il semplice fatto di non portare vantaggi tangibili nell'immediato. Ecco spiegato come mai, alcuni anni or sono, un ministro di primissimo piano poteva permettersi di lisciare il pelo all'ignoranza affermando che "con la cultura non si mangia".

A ruota della politica, agisce il sistema televisivo. In Francia, per citare un paese nel quale la scuola gode di tutt'altra considerazione, può capitare di vedere i tg nazionali dedicare l'apertura delle edizioni delle 13 e delle 20 a notizie come le proposte di riforma dei programmi di storia o l'organizzazione dell'orario delle lezioni nelle scuole primarie. Una cosa assolutamente impensabile da noi. Si può concepire un tg che apra l'edizione serale parlando dei programmi della scuola senza che si sollevino dubbi sulla sanità mentale del suo direttore? Nei tg italiani si parla di scuola all'inizio delle lezioni e alle prove di maturità, due minuti per intervistare quattro ragazzi esagitati all'entrata e all'uscita. Servizi banali che si ripetono uguali negli anni come fotocopie e mandati sempre alla fine, tra il lancio di un nuovo brano pop e una ricetta di stagione. Oppure nel caso eclatante di un alunno che lancia una sedia contro il docente (ma solo e soltanto a condizione di centrarlo in pieno e mandarlo al pronto soccorso).

I *talk-show* dedicano puntate intere a discutere di immigrazione, pensioni, tasse e, ultimamente, di Covid e di guerra, perché evidentemente sono temi che interessano l'opinione pubblica; ma non si è mai vista una puntata dedicata ai problemi della scuola, ai fatti della scuola, perché altrettanto evidentemente sull'opinione pubblica non esercitano alcun interesse e una serata a essi dedicata non supererebbe l'uno percento di audience. La verità è semplicemente che in televisione, pubblica o privata che sia, l'istruzione è invisibile ed è invisibile la scuola.

Ma, soprattutto, negli ultimi decenni è profondamente mutata la percezione della cultura. Anzi, si è proprio capovolta. Cinquant'anni addietro, l'uomo non istruito era colui che non aveva potuto avere accesso alla cultura, a causa delle sue condizioni disagiate o del funzionamento dello stesso sistema di istruzione. Tuttavia, persisteva in lui il riconoscimento del valore della cultura. Egli era, per così dire, un uomo istruito mancato. L'uomo non istruito di oggi, invece, è ignorante per scelta. Sventola il vessillo della propria ignoranza come un titolo di cui fregiarsi. È obbligato a stare a scuola per dieci anni, avrebbe anche a portata di *smartphone* tutta la conoscenza del mondo, ma non vi attribuisce alcun valore.

Probabilmente perché la conoscenza richiede applicazione, pazienza, fatica, tutte cose che mal si conciliano con la sub-cultura dell'edonismo dilagante. I *social network* hanno poi dato il colpo di grazia. Spesso e volentieri, oggigiorno, il sapere è irriso. Gli intellettuali sono apostrofati come intellettualoni e i professori come professoroni. L'uso di un congiuntivo è più che sufficiente per essere additati al pubblico ludibrio come *radical-chic*.

Questo svilimento della cultura spiega l'ostilità verso i docenti. I medici di base lavorano mediamente 24 ore a settimana e hanno uno stipendio mediamente doppio rispetto agli insegnanti. Considerando dunque il rapporto ore lavorative/stipendio, dovrebbero essere più bersagliati dei docenti. Perché invece non lo sono? Non lo sono perché al loro lavoro viene riconosciuto un valore sociale che fa passare in secondo piano ore lavorative e stipendio. Ai docenti invece tale valore non viene riconosciuto perché la cultura che trasmettono è reputata cosa inutile.

Tra gli eletti all'Assemblea Costituente solo il 5% non aveva la laurea, e parliamo di una società nella quale solo l'1% di tutta la popolazione era laureato e solo il 3,3% diplomato; nella legislatura attuale, invece, i parlamentari laureati sono sotto il 70%, a fronte di una popolazione nella quale i laureati sono più del 15% e i diplomati circa il 43%. Si possono prendere questi numeri come indicativi del valore attribuito alla cultura dal corpo sociale? Secondo me, sì. Temo che si dovesse eleggere un'Assemblea Costituente oggi, un Moro o un Pertini rischierebbero di essere trombati malamente, a vantaggio di qualche *tycoon* o di qualche borgatara.

Di chi le colpe? È difficile distribuirle in maniera equa, anche se chi ha fatto la parte del leone, demolendo non solo il valore dell'istruzione, ma anche il già fragile senso etico del paese, non è difficile individuarlo. Per contro, a parte qualche isolata (e, di fatto, impotente) figura di intellettuale o divulgatore, non si sono visti meriti.

Il quadro globale che alla fine ne viene fuori è quello di una scuola basata sull'improvvisazione. Dal 1997 al 2017 si sono succedute in Italia cinque riforme: Berlinguer, Moratti, riforme del governo Prodi, Gelmini e buona scuola. Lo stesso numero di quante ve ne furono dall'Unità d'Italia alla fine del fascismo. Ogni nuovo inquilino di viale Trastevere, in sostanza, si è sentito in dovere di gettare le basi della scuola del ventunesimo secolo. Se non tutti vi sono riusciti è solo perché il loro mandato non è durato a sufficienza. Ormai, si fa prima a chiamarlo riformatore dell'istruzione, anziché ministro. Ma l'iperattivismo legislativo non riesce a celare la mancanza di una strategia d'insieme e di un progetto, né potrebbe essere altrimenti mancando la volontà politica di investire sulla scuola.

Oggi arriva uno a dire togliamo il grembiule, domani un altro dice rimettiamo il grembiule; oggi uno si sveglia con l'idea di cambiare l'educazione civica con cittadinanza e costituzione, domani un altro la chiama cittadinanza europea, poi di nuovo educazione civica; oggi si adottano le buste all'esame di maturità, domani si tolgono. Si naviga a vista. Si direbbe che molte norme vengano adottate sotto l'onda emotiva del momento, col buon senso – per citare Manzoni – che se ne sta nascosto per timore del senso comune. Laddove la scuola dovrebbe essere proprio il luogo dove il buon senso non teme mai il senso comune. In ultimo, prima che il Covid dettasse altre priorità, anche le telecamere a scuola, che mettono tutti d'accordo, sebbene, dati di cronaca alla mano, risultino molto meno sicure le caserme. Eppure, nessun politico si sognerebbe mai di proporre telecamere nelle caserme. Giustamente, perché significherebbe il venir meno della fiducia nell'Arma, che fonda la sua esistenza proprio sulla fiducia dei cittadini. Invece, tale fiducia non sembra tanto fondamentale per la scuola. Non è forse un caso che la proposta abbia incluso anche le case di riposo, perché un po' a badanti tendono a essere assimilati gli insegnanti.

Forse non molti ne sono a conoscenza, ma al Miur esiste addirittura una figura con l'incarico di "ideare proposte innovative in materia di ordinamenti didattici e personale scolastico". Per fare in modo, invece, che quella che ormai è a tutti gli effetti un'antiscuola torni a essere scuola, bisognerà aspettare forse che venga istituita la figura incaricata di contrastarle, le "proposte innovative".

16. L'ultima trincea ideologica

C'è un famoso passaggio del *Dialogo dei massimi sistemi* nel quale si racconta la reazione del gesuita davanti all'anatomista che dopo aver dissezionato il cadavere gli mostra come le terminazioni nervose si dipartano dal cervello e non dal cuore. Colpito dalla dimostrazione, il gesuita ammette che se Aristotele non avesse detto il contrario, lui crederebbe a quello che vede.

Il gesuita di Galileo ha quantomeno l'umiltà intellettuale di riconoscere la coerenza delle argomentazioni dello scienziato, crederebbe a quello che vede se ciò non l'obbligasse a rinnegare il principio di autorità; ai paladini della rivoluzione *in progress*, invece, questa umiltà sembra mancare. Nonostante la scuola rotoli sempre più in basso, costoro rifuggono, a volte pure con sdegno, qualsiasi spiegazione che colleghi l'impoverimento culturale delle nuove generazioni e il degrado dei comportamenti in ambito scolastico con la direzione seguita in questi ultimi decenni. Anzi, persistono nel sostenere che la scuola sia ancora troppo autoritaria e la didattica ancora troppo tradizionalista.

Eppure, che la scuola delineatasi in questi ultimi vent'anni riesca sempre meno ad assolvere alla sua missione istituzionale è sotto gli occhi di tutti, come il cadavere dell'anatomista. Imputare i livelli di preparazione sempre più bassi e i comportamenti sempre più devianti a storture scomparse ormai da decenni, quali la discriminazione verso i più deboli, le bocciature a tappeto, ecc., anziché collegarli alle pseudo-innovazioni e alla pseudo-democratizzazione apportate negli ultimi tempi, come logica vorrebbe, visto che la situazione è andata peggiorando man mano che tali novità sono andate diffondendosi, è spiegabile solo col pregiudizio ideologico, qualcosa di molto simile al principio di autorità del gesuita di

Galileo. Nella visione post-sessantottina, infatti, l'idea che nella scuola non ci sia spazio per l'autorità e l'idea che la didattica debba essere sempre più disancorata dai contenuti sono dei dogmi che non possono essere messi in discussione.

In questo modo, però, i suddetti paladini rischiano di lavorare per il re di Prussia, cioè per gli obiettivi opposti a quelli che vorrebbero conseguire. In una società, come quella odierna, caratterizzata da un progressivo smottamento del terreno democratico, in una società nella quale cresce giorno dopo giorno l'indulgenza verso manifestazioni di intolleranza e discriminazione, in una società nella quale gli anticorpi democratici si indeboliscono a vista d'occhio e l'ignoranza scava autostrade se non per il fascismo, per soluzioni comunque connotate da autoritarismo, demagogia e intolleranza, il mondo della scuola è l'ultimo argine.

Potrebbe essere una trincea di valori e giustizia sociale, palestra di democrazia e solidarietà, invece si configura spesso come sterile trincea ideologica, che finisce per favorire, pur senza volerlo, proprio il dilagare di quelle tendenze reazionarie contro le quali in teoria si vorrebbe lottare.

Bisognerebbe innanzi tutto liberarsi dallo stereotipo secondo il quale rispetto delle regole e l'autorità siano prodromi del fascismo, o comunque a esso associabili, che, come tutti gli stereotipi, esprime soltanto una buona dose di superficialità di giudizio. In realtà, se si guarda alla storia, i prodromi del fascismo sono disordine e mancanza di autorità. È in tali situazioni che si fa strada tra la gente il bisogno dell'uomo forte e delle soluzioni emergenziali. Il sistema più idoneo a favorire i colpi di mano è stato sempre quello di esasperare le tensioni sociali e creare disordini, perché il germe del fascismo attecchisce nell'assenza di regole. L'ordine e l'autorità esercitata entro il perimetro democratico rappresentano al contrario gli anticorpi per la prevenzione di ogni forma di autoritarismo, nonché gli strumenti migliori per la tutela dei diritti dei più deboli. È l'assenza di regole, invece, il miglior viatico del fascismo, e oggi essa è il frutto dell'inadeguatezza delle classi dirigenti degli ultimi decenni che hanno ammantato di un velo di retorica democratica la propria insipienza.

Ma se la militanza di queste frange di docenti può essere spiegata con ragioni di affetto e/o di età, il Miur sta asserragliato sulla medesima trincea ideologica per mero opportunismo, per meglio dissimulare gli scarsi risultati di questi ultimi vent'anni.

Prendiamo un passo significativo del *Rapporto sul contrasto al fallimento formativo* del 2018:

"Nel rivolgere lo sguardo ai compiti della scuola democratica è importante guardare al dibattito pubblico, a come si parla di una scuola 'secondo Costituzione'. Non è difficile registrare oggi, su questa grande questione civile e politica, una sorta di nostalgia reazionaria che sta prendendo piede. Le critiche a Tullio De Mauro, l'esaltazione della professoressa contro don Milani, una crescente voglia di scuola d'élite, con modi di apprendimento lontani dal dibattito internazionale sono segnali - da destra e da sinistra - di un conservatorismo tanto nostalgico quanto impotente perché se si rimuovono le ragioni complesse e profonde (demografiche, culturali, politiche, sociali) dell'evidente crisi educativa italiana si può, certo, sospirare sui "bei tempi andati" ma non si prospettano indirizzi credibili per contrastare la crisi e soluzioni reali. Nel clima di "ritorno indietro" trova, purtroppo, spazio una rilettura della storia dell'istruzione in Italia che indica nella scuola di massa la ragione di ogni male".

Di fronte a tanta approssimazione, veramente - verrebbe da dire - non si sa nemmeno da dove cominciare.

In sostanza, il tema è il fallimento formativo, che tocca livelli preoccupanti, ma anziché interrogarsi sul perché le sue strategie non abbiano dato i risultati sperati, il Miur evoca lo spettro di una sorta di movimento antiriformista, al quale alla fine sembra vadano ascritti i cattivi risultati. L'aspetto più disarmante – ed è un aspetto ricorrente in molti documenti ministeriali – è poi la semplificazione del ragionamento, per cui criticare un'impostazione pedagogica, che con tutta evidenza risultati non dà, significa voler tornare "ai bei tempi andati", negare quanto di positivo è stato fatto in questi anni. Ma procediamo con ordine.

Premesso che la critica più grande a De Mauro è forse proprio quella fatta dal Miur, coi suoi grotteschi documenti infarciti di americanismi, contro i quali il linguista *tanta ala vi stese*, e che il dibattito internazionale per il Miur si identifica *tout court* con le "innovazioni" americane, andrebbe chiarito una volta per tutte che la *Lettera* di don Milani è un manifesto di giustizia sociale, non, come viene invece comunemente intesa, un manifesto di innovazione didattica.

La didattica della scuola di Barbiana, al contrario, era conservatrice. Anzi, secondo i canoni pedagogici correnti, si può pure definire profondamente conservatrice. Per don Milani ciò che non andava nella scuola degli anni '60 non era né il carattere autoritario né il metodo didattico trasmissivo, bensì l'impostazione classista, che finiva per penalizzare ed escludere le fasce socialmente più deboli. Anche le critiche ai programmi, segnatamente al latino e alle altre "anticaglie", muovevano dal loro essere discriminanti di classe, in quanto facili per chi proviene da famiglie agiate e ostici per i figli dei contadini. Si è già ricordata la sua opinione su classi di aggiornamento e classi differenziali, ma pure la scrittura collettiva non rappresentava per lui una metodologia innovativa, bensì la dimostrazione che quegli esclusi dal sistema di istruzione avevano le capacità, se opportunamente seguiti, di pervenire a buoni risultati. Fa un po' sorridere, quindi, sentire questi funzionari fulminati sulla via del *peer-to-peer*, della didattica *learned-centered* e di altre stravaganze d'importazione, invocare il nume tutelare di don Milani.

È evidente che quel testo hanno forse letto negli anni '70, sotto i fumi dell'ideologia dell'epoca che lo poneva nel pantheon della rivoluzione. Certamente, se ne avessero colto lo spirito, non avrebbero accostato la scuola di Barbiana alla pedagogia moderna, facendo con tutta probabilità rivoltare don Milani nella tomba, visto che questi, per usare un eufemismo, non aveva in grande simpatia i "moderni pedagoghi". La pedagogia "ha da dirci una cosa sola. Che i ragazzi son tutti diversi, son diversi i momenti storici e ogni momento dello stesso ragazzo, son diversi i paesi, gli ambienti, le famiglie.

Allora di tutto il libro basterebbe una pagina che dicesse questo e il resto si potrebbe buttare via". Don Milani era proprio un alfiere della tanto vituperata didattica trasmissiva, della lezione frontale e dell'apprendimento mnemonico. Probabilmente al Miur non ne sono al corrente, ma le citazioni tra virgolette sono tratte dalla sua *Lettera*. "A scuola si va per ascoltare cosa dice il maestro": non mi pare ci sia grande spazio per le interpretazioni.

Quanto alla scuola d'élite, essa c'è già, ed è proprio il risultato dell'ottusità con cui le nobili intenzioni sono state perseguite negli ultimi decenni. Sono i licei del centro nei quali i portatori di handicap si contano sulle dita di una mano, gli alunni stranieri sono tutt'al più inglesi o americani e gli studenti perpetuano la stessa arroganza di pasoliniana memoria dei ceti privilegiati cui appartengono. Le disparità, che disattendono il dettato costituzionale, sono quelle fatte dal Miur, prevedendo classi di uguale numero per professionali e licei. Sono norme di questo tipo che rafforzano la scuola d'élite e accentuano le disparità sociali, tradendo quella che dovrebbe essere la missione della scuola.

Ovviamente non è la scuola di massa la ragione di ogni male, bensì la scuola di massa abbandonata a sé stessa. Che è cosa del tutto diversa. È vero che la scuola avrebbe il dovere di recuperare gli alunni difficili, quelli che non solo non hanno alcuna motivazione e che rifiutano ogni forma di coinvolgimento, che non di rado impediscono il corretto svolgimento delle lezioni, quasi sempre espressione di ambienti marginalizzati ed essi stessi destinati a un futuro di marginalizzazione. La scuola avrebbe il dovere di recuperarli perché, come dice ancora don Milani: "se si perde loro [i ragazzi più difficili] la scuola non è più scuola. È un ospedale che cura i sani e respinge i malati". D'altra parte, se la scuola non ha questa capacità, come attualmente non ha, la presenza di tali alunni finisce per compromettere l'apprendimento di tutta la classe, impedendo di fatto agli altri – che non sono i rampolli di classi privilegiate, ma appartenenti ai medesimi strati sociali – di beneficiare in maniera piena del diritto all'istruzione.

Il Miur pretenderebbe di salvare capra e cavoli, ma di fatto non salva né questi né quella. Da una parte, pretende l'inclusione a tutti i costi di quei ragazzi difficili, perché non ci farebbe una bella figura a estrometterli dal percorso d'istruzione, che equivarrebbe a un'ammissione dell'incapacità dello Stato di assolvere al dettato costituzionale; nello stesso tempo, però, non ha né la visione né le risorse per attuare strategie di effettivo recupero.

Le metodologie innovative e le belle parole, di cui invece è prodigo, lasciano il tempo che trovano. Pensare di poter recuperare questi alunni in classi di trenta è una *boutade*. Il risultato è il livello generale sempre più basso. La riduzione degli obiettivi di anno in anno non è altro che la strategia funzionale a tale situazione. Senonché, seguendo questa strada, la scuola si trasforma, come sempre più spesso succede, in un ospedale che non guarisce i malati e ammala i sani.

Eppure, la scuola di oggi si fonda per molti aspetti su una normativa che attua le attese del priore di Barbiana. La professoressa della *Lettera* – giova ripeterlo, visto che il suo fantasma agita ancora i sonni di molti – è morta e sepolta. Oggi i docenti sono estremamente sensibili alle tematiche dell'inclusione. Se la nostra legislazione scolastica, per molti aspetti ineccepibile, non dà i risultati attesi, questo è da imputare in larga misura all'inadeguatezza delle risorse impegnate. Di norme democratiche che non aiutano la democrazia e di metodologie miracolose che non fanno miracoli ne abbiamo fin troppe: inutile continuare a subissare i docenti. Per ottenere i risultati ci vogliono gli investimenti. Dalla loro mancanza discendono tutti gli altri problemi. Senza soldi non puoi bocciare, e più si abbassa il livello della classe, più si colpiscono i migliori; non puoi fare classi con pochi alunni, per cui devi pretendere meno contenuti e meno disciplina; non puoi gratificare l'insegnamento, che sempre più viene identificato col mestiere dello sfigato; ecc.

La personalizzazione non si fa con più note ministeriali, si fa con più docenti e con classi meno numerose. Se si vuole veramente puntare a realizzare le buone intenzioni delle

Indicazioni nazionali e delle varie *linee guida*, il primo passo sarebbe quello di assegnare ai dirigenti scolastici un'autonomia reale, che consenta loro anche di ridurre le classi nella misura che la tipologia degli alunni renda necessario, di plasmare in concreto, e non solo a parole, l'insegnamento ai bisogni degli alunni.

Non perché, infine, si muovono delle critiche a molte delle innovazioni introdotte, che si sono a ragion veduta rivelate inefficaci, se non deleterie, significa voler buttare tutto a mare e ritornare ai "bei tempi andati". Questa barriera ideologica, per cui il progressista deve sostenere un'innovazione permanente, senza porsi domande e senza dubitare, anche se si va a sbattere contro un muro, mentre il conservatore deve ripristinare il passato tale e quale, anche quando le novità hanno dato o possono dare buoni risultati, è un modo sterile, ancorché il più diffuso, di affrontare i numerosi problemi della scuola.

17. Meritocrazia e democrazia

Oggi la scuola non riesce a essere luogo e occasione di riscatto sociale. Questo è un dato di fatto. In un'epoca nella quale la mobilità sociale si va sempre più abbassando e chi nasce povero ha sempre più probabilità di rimanere tale per tutta la vita, la scuola potrebbe essere lo strumento di contrasto più efficace al destino segnato di molti giovani. Senonché il riscatto passa per la conoscenza. La scuola è democratica, nel senso più ampio, ed assolve al dettato costituzionale se trasmette conoscenze, non se distribuisce inutili pezzi di carta. Cinquant'anni fa don Milani invitava a non studiare la grammatica per non umiliare il povero. Oggi, che al povero viene fatto credere che l'ignoranza sia un valore, schiacciandolo in tal modo sempre più alla sua povertà, il dovere della scuola diventa quello di insegnare la grammatica per prevenirgli future umiliazioni. Oggi certamente don Milani direbbe questo, al contrario dei suoi ottusi esecutori, come certamente Aristotele, al contrario del gesuita, avrebbe dato ragione all'anatomista.

Il movimento del '68 in Italia ha dato il là a grandi trasformazioni dei costumi, ma per quanto attiene l'istruzione – cinquant'anni dopo lo si può affermare col giusto distacco –, il suo influsso è stato deleterio. Va infatti ascritto proprio a quella cultura il grande equivoco tra democraticità e meritocrazia, che si è fatto strada a partire dagli anni Settanta e le cui implicazioni negative arrivano fino a noi.

L'obiettivo iniziale doveva essere l'eliminazione della discriminazione di classe. Bisognava abbattere la scuola dei figli di papà. Ma, probabilmente poiché i figli di papà frequentavano il liceo, dall'abbattere la scuola dei figli di papà, intesa come istruzione riservata a pochi, si è passati ad abbattere la scuola frequentata dai figli di papà, intesa come luogo di istruzione. Anziché combattere i privilegi che restringevano l'accesso a certe scuole a poche categorie sociali, si è combattuta la conoscenza trasmessa da quelle scuole. Non si può dire che i combattenti abbiano dato prova di grande sagacia.

Si è confusa la selettività derivante dai privilegi con la selettività derivante dal merito. In realtà, quest'ultima sarebbe la negazione della prima, in quanto il merito è l'unico strumento di miglioramento su cui possono far leva le fasce sociali più svantaggiate. La scuola dei privilegiati andava contrastata proprio creando un sistema nel quale il successo scolastico fosse legato al merito individuale, e non più alla classe sociale di appartenenza.

Invece, si è colpita la selettività in quanto tale, sia nel senso negativo di espressione di discriminazione classista, sia in quello positivo di espressione del merito. Il risultato è stato che eliminando la selettività *tout court* non si è ottenuta una scuola democratica, bensì una scuola che si limita a certificare lo *status quo*.

La cultura del *sei* politico è stata una iattura per coloro che affidavano le proprie speranze di ascesa sociale all'istruzione. Si è voluto far credere che la fine di una scuola per pochi fosse in favore dei più svantaggiati, ma in realtà, così come è stata intesa, si è rivelata tutta a favore dei privilegiati. Non passando per alcuna selezione, infatti, il privilegiato rimane tale e lo svantaggiato pure.

La scuola per tutti è coincisa con un livellamento verso il basso che è poi proceduto a vele spiegate di riforma in riforma, non facendo altro, tali riforme, che svuotare l'istruzione di contenuti.

In una recente circolare, i funzionari del Miur invitano i docenti a valorizzare "l'esperienzialità dell'alunno". Vai a capire esattamente cosa intendano. Perché non si dice "il percorso esperienziale dell'alunno", che rimanderebbe alla semplice esperienza di quello che, per esempio, è andato a fare il bagnino a Marina di Cecina o ad aiutare il nonno nel negozio di ferramenta? Si parla di "esperienzialità", che dovrebbe rimandare all'esperienza in maniera indiretta. Ci stiamo staccando dalla realtà, ci stiamo librando in volo con un neologismo non ancora accolto dai dizionari. Un esempio della diffusione nei documenti del Miur di circonlocuzioni che si avvitano intorno al nulla. Come se bisognasse eradicare i concetti di apprendimento e di cultura dalla realtà, trasformandoli in qualcosa di intangibile e di indefinibile, in modo che si possa dire alla fine che anche di chi non sa niente sa qualcosa. Perché se, per esempio, la conoscenza dell'alunno delle funzioni goniometriche o di un canto della Divina Commedia corrisponde a qualcosa di preciso, l'esperienzialità può significare tutto e il contrario di tutto.

Nel contempo, in una sorta di manovra a tenaglia, si è andati, se non negando, comunque smorzando, attenuando l'idea che al liceo si debba studiare di più (la già enunciata questione delle "canne d'organo"), che una scuola possa essere concepita per trasmettere più cultura rispetto a un'altra, che una scuola possa formare per diventare avvocato o chirurgo e un'altra per fare l'operaio o il geometra. Detto in maniera brutale (*brutale*, dal punto di vista del Miur), che esista una scuola per accogliere gli studenti migliori. Come se la superiorità di preparazione, o anche di intelligenza, venisse identificata con un'inaccettabile idea di disuguaglianza e, come tale, fosse da bandire.

Va da sé che si tratta, anche in questo caso, di un puro e semplice pregiudizio. Non sta scritto da nessuna parte che una persona colta sia migliore di una non colta e una più intelligente di una meno intelligente. Incontriamo molteplici esempi di persone colte propense a delinquere e di persone meno colte integerrime, così come troviamo persone intelligenti ai vertici di associazioni mafiose e persone meno intelligenti dedite al volontariato. Nondimeno è innegabile che ci siano studenti che apprendono di più e studenti che apprendono di meno, studenti più intelligenti e studenti meno intelligenti, senza che da ciò ne derivi un giudizio di valore sulle persone.

Tuttavia, il pregiudizio si è ben radicato ai piani alti del Miur. In perfetta sintonia con gli umori della società contemporanea, anche nell'organizzazione scolastica la conoscenza e la cultura vanno assumendo un connotato sempre più marginale. Gli studenti più bravi sono stati dimenticati. Negli ultimi trent'anni se ne parla in una norma del ministro Fioroni del 2007 e in un paio di commi della 107 del 2015, nonché nei ridicoli *olimpic games* (non *olimpiadi* o *giochi olimpici*, si badi bene) della ministra Fedeli. Sembra che il meritevole abbia qualcosa di cui vergognarsi o debba espiare una sorta di colpa, a meno che i lungimiranti funzionari del Miur vogliano soltanto risparmiargli il triste destino di diventare un *professorone* o un *radical-chic*.

Che poi questa avversione alla meritocrazia, proceduta a rimorchio della cultura post-sessantottina e giunta fino a noi, non è una disquisizione astratta di principi, non è, come dicono al Miur, "nostalgia dei bei tempi andati", bensì preoccupazione per i tempi a venire, che si preannunciano tutt'altro che rosei. L'assenza di meritocrazia, infatti, è qualcosa che si traduce e paghiamo in termini di qualità della vita e di sviluppo economico. Non selezionare i migliori significa mettere incompetenti e raccomandati nei posti di responsabilità, con tutti gli effetti che ne derivano per il buon funzionamento della società. Se non c'è selezione, il figlio del barone universitario subentrerà al padre anche se non sa niente, mentre il figlio dell'uomo qualunque, per quanto preparato possa essere, sarà costretto ad emigrare in un'università inglese o tedesca, dove magari compirà poi grandi scoperte. In questo modo, i paesi che lo ospitano si arricchiranno e miglioreranno la loro qualità della vita grazie alla sua intelligenza, a noi invece rimarranno le dinastie dei baroni. Miseria e nobiltà.

Quello che molti, dentro e fuori la scuola, non hanno capito, per quanto non di concetto difficile si tratti, è che meritocrazia e democrazia vanno insieme, costituiscono un binomio inseparabile. Laddove una delle due manchi, anche l'altra funziona male. Se c'è meritocrazia, vuol dire che i posti di vertice sono occupati soltanto in virtù delle capacità del singolo, e se chiunque può arrivare ad occupare i posti di vertice grazie soltanto alle proprie capacità, vuol dire che tutti sono effettivamente uguali. Se invece manca, l'uguaglianza sta solo sulla carta, ma poi nella realtà i blocchi di partenza non stanno affatto disposti sulla stessa linea: uno è posizionato a un chilometro e l'altro a un metro dal traguardo.

Conclusioni

L'Atlante dell'infanzia 2019 di *Save the children* evidenzia come nell'ultimo decennio sia triplicato il numero dei bambini che in Italia vivono in condizioni di povertà assoluta. Sono quasi un milione e trecentomila. Una tendenza che procede di pari passo con l'aumento delle diseguaglianze sociali. Tali condizioni si traducono nella maggior parte dei casi in povertà educativa. Nell'Atlante si parla di "disconnessione culturale" per indicare la mancanza di accesso di questi bambini ad attività ricreative e culturali (sport, lettura, teatro, musei, ecc.) necessari a una loro completa formazione.

In particolare, il dato più significativo che emerge, per quanto riguarda il tema qui affrontato, è l'incapacità dell'istituzione scolastica di incidere in alcun modo su questa preoccupante tendenza.

La scuola non riesce a sopperire alla mancanza di opportunità dei bambini svantaggiati, non riesce a salvarli dal loro destino di esclusione, dato che tale condizione li espone maggiormente al fallimento scolastico. I risultati parlano chiaro. Il numero di studenti che non raggiungono il livello delle competenze minime nelle prove internazionali è quasi quattro volte maggiore tra gli appartenenti a classi sociali svantaggiate. Percentuali analoghe a quelle che si rilevano per il fenomeno dell'abbandono scolastico. Viceversa, gli studenti svantaggiati che ottengono risultati eccellenti sono un sesto rispetto a quelli provenienti da famiglie benestanti.

Abbastanza paradossalmente, il Miur, che nelle sue numerose riforme tanto ha celebrato Don Milani, non ha saputo risolvere la questione fondamentale da questi posta più di cinquant'anni or sono, che peraltro coincide col dettato costituzionale: una scuola veramente democratica nella quale l'accesso all'istruzione non sia condizionato dalla classe sociale di appartenenza. Si è solo passati dalla scuola consapevolmente classista degli anni '60 alla scuola inconsapevolmente ma colpevolmente classista di oggi.

È alla luce di dati come quelli raccolti nell'Atlante di *Save the children* che i toni compiaciuti, e non di rado trionfalistici, delle varie linee guida e circolari ministeriali risultano del tutto stonati. Alla verbosità di tali documenti fa da contraltare la sostanziale impalpabilità operativa del Miur. Le chiamiamo "emergenze", ma sono le stesse da anni.

Per la recente decisione di portare al 2% la percentuale di pil da destinare alle spese militari si è rischiata la crisi di governo e il compromesso si è trovato subito. Per quanto riguarda invece l'istruzione (nonostante il nostro paese si trovi, come detto, nelle posizioni di coda in ambito europeo), nell'ultimo DEF il governo ha deliberato un'ulteriore diminuzione della spesa senza che si siano levate voci di dissenso. Che si rischi una crisi per la scuola possiamo tranquillamente escluderlo.

Ma si può veramente credere che anche un ex presidente della BCE attribuisca così scarsa importanza all'istruzione? Per conto mio, lo escluderei nella maniera più assoluta. Non è possibile che attribuisca scarsa importanza all'istruzione, ciò cui attribuisce scarsa importanza è l'istruzione pubblica.

Appendice

In Belgio è circolata questa originale parodia della segreteria telefonica di una scuola che ben fotografa l'atmosfera della scuola odierna.

Dopo un'introduzione musicale sulle note di *What a wonderful world*, una voce conferma che risponde la scuola del/la proprio/a figlio/a.

Come tutti i risponditori automatici suggerisce di digitare il numero che meglio corrisponde al servizio richiesto.

Per mentire su vostro figlio, digitate 1;

Per scusarlo di non aver fatto i compiti, digitate 2;

Per lamentarvi del nostro lavoro, digitate 3;

Per chiedere il licenziamento di un professore, digitate 4;

Per chiedere come mai non avete ricevuto i documenti e la pagella che vi abbiamo inviato regolarmente, digitate 5;

Se volete che educhiamo i vostri figli al vostro posto, digitate 6;

Per domandare che vostro figlio cambi insegnante per la terza volta dall'inizio dell'anno, digitate 7;

Per lamentarvi del trasporto scolastico, digitate 8;

Per lamentarvi del bar della scuola, digitate 9.

E conclude:

Se invece realizzate di essere nel mondo reale e che i vostri figli e voi stessi dovete assumervi la responsabilità delle vostre azioni, potete riagganciare.

Indice

OMBand Digital Editions

44. Giacomo Leopardi, *Operette morali*
45. Pedro Calderón de la Barca, *La vita è sogno*
46. Italo Svevo, *Senilità*
47. Italo Svevo, *La coscienza di Zeno*
48. *Le più belle poesie d'amore di Torquato Tasso*
49. Niccolò Machiavelli, *Il Principe*
50. Giacomo Leopardi, *Pensieri*
51. Luigi Capuana, *Il marchese di Roccaverdina*
52. Grazia Deledda, *Canne al vento*
53. Dante Alighieri, *Vita nuova*
54. Giovanni Verga, *Storia di una capinera*
55. Giovanni Verga, *I Malavoglia*
56. Edmondo De Amicis, *Cuore*
57. Carlo Goldoni, *Il ventaglio*
58. Lev Tolstoj, *Sonata a Kreutzer*
59. Lev Tolstoj, *La morte di Ivan Il'ič*
60. Luigi Pirandello, *I quaderni di Serafino Gubbio operatore*
61. Giovanni Verga, *La Lupa*
62. Giovanni Verga, *Una peccatrice*
63. Emilio De Marchi, *Il cappello del prete*
64. Italo Svevo, *Una vita*
65. Federigo Tozzi, *Bestie*
66. Fëdor Dostoevskij, *Le notti bianche*
67. Edmondo De Amicis, *Amore e ginnastica*
68. Luigi Pirandello, *Questa sera si recita a soggetto*
69. Luigi Pirandello, *L'esclusa*
70. Grazia Deledda, *La madre*
71. Grazia Deledda, *Elias Portolu*
72. Arthur Schopenhauer, *Sul valore del giudizio degli altri*
73. Gabriele D'Annunzio, *Il fuoco*
74. Gabriele D'Annunzio, *Il piacere*
75. Giovanni Verga, *Eros*
76. Vittorio Alfieri, *Vita*
77. Vittorio Alfieri, *Mirra*
78. Gaetano Carlo Chelli, *L'eredità Ferramonti*
79. Matilde Serao, *Leggende napoletane*
80. Matilde Serao, *Il paese di Cuccagna*
81. Lev Tolstoj, *I racconti di Sebastopoli*
82. Federigo Tozzi, *Il podere*
83. Giovanni Verga, *Cavalleria rusticana*
84. Giovanni Verga, *Mastro-don Gesualdo*
85. Laurence Sterne, *Viaggio sentimentale*
86. Carlo Goldoni, *Il teatro comico*
87. Luigi Pirandello, *La favola del figlio cambiato*
88. Italo Svevo, *Una burla riuscita*
89. Matilde Serao, *Il ventre di Napoli*
90. Luigi Capuana, *Giacinta*
91. Ugo Foscolo, *Ultime lettere di Jacopo Ortis*
92. Søren Kierkegaard, *Diario del seduttore*

93. Giovanni Verga, *Eva*
94. Voltaire, *Candido*
95. Charles Dickens, *Canto di Natale*
96. Cesare Pavese, *Tra donne sole*
97. Cesare Pavese, *Dialoghi con Leucò*
98. Cesare Pavese, *La bella estate*
99. Cesare Pavese, *La luna e i falò*
100. Cesare Pavese, *Paesi tuoi*
101. Cesare Pavese, *La casa in collina*
102. Cesare Pavese, *Tutti i romanzi*
103. Luigi Pirandello, *I giganti della montagna*
104. Luigi Pirandello, *Il piacere dell'onestà*
105. Giovanni Verga, *Vita dei campi*
106. Arthur Schopenhauer, *La ricerca della felicità*
107. Cesare Beccaria, *Dei delitti e delle pene*
108. Iginio Ugo Tarchetti, *Fosca*
109. *Le più belle poesie di Trilussa*
110. Federigo Tozzi, *Tre croci*
111. Honoré de Balzac, *Papà Goriot*
112. Cesare Pavese, *Il carcere*
113. Giacomo Leopardi, *Canti*
114. Charles Baudelaire, *I fiori del male*
115. Aleksandr Puškin, *La dama di picche*
116. Antonio Pigafetta, *Relazione del primo viaggio intorno al mondo*
117. Grazia Deledda, *Marianna Sirca*
118. Luigi Pirandello, *Come tu mi vuoi*
119. Luigi Pirandello, *La nuova colonia*
120. Luigi Pirandello, *Lazzaro*
121. Cesare Pavese, *Il compagno*
122. Carlo Goldoni, *La vedova scaltra*
123. Carlo Goldoni, *La famiglia dell'antiquario*
124. Honoré de Balzac, *Eugénie Grandet*
125. Francesco Guicciardini, *Ricordi*
126. Cletto Arrighi, *La Scapigliatura e il 6 febbrajo*
127. Niccolò Machiavelli, *L'arte della guerra*
128. Giovanni Boccaccio, *Trattatello in laude di Dante*
129. Cesare Pavese, *La spiaggia*
130. Giovanni Della Casa, *Galateo*
131. Fëdor Dostoevskij, *Povera gente*
132. Karl Marx e Friedrich Engels, *Manifesto del Partito comunista*
133. Giovanni Verga, *Novelle rusticane*
134. Cesare Pavese, *Feria d'agosto*
135. Anonimo, *Il Novellino*
136. Salvatore Di Giacomo, *Mattinate napoletane*
137. Torquato Tasso, *Aminta*
138. Giovanni Pascoli, *Myricae*
139. Giovanni Pascoli, *Canti di Castelvecchio*
140. Erasmo da Rotterdam, *Elogio della follia*
141. Cesare Pavese, *Il diavolo sulle colline*

191. Carlo Goldoni, *I rusteghi*
192. Grazia Deledda, *Il vecchio della montagna*
193. Grazia Deledda, *Cosima*
194. Vittorio Alfieri, *Antigone*
195. Robert Louis Stevenson, *L'isola del tesoro*
196. Lev Tolstoj, *Denaro falso*
197. Sofocle, *Edipo re*
198. Luigi Pirandello, *Ma non è una cosa seria*
199. Antonio Gramsci, *La questione meridionale*
200. Marco Polo, *Il Milione*
201. Bartolomeo de Las Casas, *Brevissima Relazione della distruzione delle Indie*
202. Iginio Ugo Tarchetti, *Racconti fantastici*
203. Guido Gozzano, *Verso la cuna del mondo*
204. Giovanni Messina, *Anatomia dell'antiscuola*
205. Baldassarre Castiglione, *Il libro del Cortegiano*
206. Grazia Deledda, *Cenere*
207. Niccolò Machiavelli, *Il Principe (Edizione illustrata con i ritratti dei personaggi storici)*
208. Niccolò Machiavelli, *Discorsi sopra la prima deca di Tito Livio*
209. Scipio Slataper, *Il mio Carso*
210. Charlotte Brontë, *Jane Eyre*
211. Samuel Taylor Coleridge, *La ballata del vecchio marinaio*
212. Dante Alighieri, *Convivio*
213. Carlo Goldoni, *Le femmine puntigliose*
214. Carlo Goldoni, *Il campiello*
215. Antonio Fogazzaro, *Piccolo mondo antico*
216. Gabriele D'Annunzio, *Notturno*
217. Luigi Pirandello, *Suo marito*
218. Voltaire, *Zadig*
219. Epitteto, *Manuale* (Traduzione di Giacomo Leopardi)
220. Confucio, *Dialoghi*
221. Luigi Pirandello, *L'umorismo*
222. Platone, *Apologia di Socrate*
223. Giosuè Carducci, *Rime nuove*
224. Giosuè Carducci, *Odi barbare*
225. Edmondo De Amicis, *La maestrina degli operai*
226. Edmondo De Amicis, *Sull'oceano*
227. Emilio Salgari, *Le tigri di Mombracem*
228. Giovanni Boccaccio, *Elegia di Madonna Fiammetta*
229. Poggio Bracciolini, *Facezie*
230. Giuseppe Parini, *Dialogo sopra la nobiltà*
231. Friedrich Nietzsche, *Così parlò Zarathustra*
232. Friedrich Nietzsche, *Ecce homo*
233. Emilio De Marchi, *Arabella*
234. Antonio Fogazzaro, *Malombra*

Se abbia ancora un senso distinguere destra e sinistra è stato uno dei temi centrali del dibattito politico contemporaneo, proceduto di pari passo a quella progressiva omologazione dell'offerta politica cui abbiamo assistito negli ultimi decenni. L'opinione oggi dominante vuole che nel mondo nuovo della globalizzazione le ideologie non abbiano più ragion d'essere e che siano "ferri vecchi della storia così come chi ancora ne fa uso".

In questo libro, avvalendosi di un ampio supporto bibliografico e giornalistico, nonché di dettagliati riferimenti storici, l'autore contesta tale tesi, ritenendola l'asse portante di una narrazione funzionale alla difesa degli interessi dei grandi detentori di ricchezza e delle multinazionali. Sostenere la fine delle ideologie si rivela essere solo un modo per eliminare le idee di sinistra dal confronto politico, lasciando campo libero alle oligarchie dominanti, poiché la globalizzazione non ha segnato la fine della lotta di classe, bensì l'inizio di una nuova epoca nella quale essa viene combattuta da un lato soltanto, quello dei ricchi.

Non è che le idee di sinistra siano collassate su sé stesse perché ormai anacronistiche, come si vuol far credere, sono scomparse dall'orizzonte politico perché private di rappresentanza. Questo è stato possibile grazie allo strapotere acquisito da quelle oligarchie, che, da una parte, condizionano e indirizzano le scelte politiche a loro favore, riducendo di fatto la democrazia a una scatola vuota, e, dall'altra, favoriscono l'affermazione di un pensiero unico che isola e soffoca ogni tesi che vada controcorrente.

Che cos'è la stupidità? Come si riconosce uno stupido? Dove comincia e dove finisce la stupidità? Come incide nella società? In quali settori si esprime meglio? Sono più stupidi gli uomini o le donne? i ricchi o i poveri? Esiste una relazione tra stupidità e ignoranza? Ci sono religioni più stupide di altre? Quale sistema politico è più propizio per la stupidità? Ci sono legami tra idee politiche e stupidità? Esiste un decalogo per difendersi da lei? Come si convive con uno stupido? Cosa pensa lo stupido delle persone intelligenti? In che modo lo stupido usa i social network? La stupidità sta aumentando o sta diminuendo? La specie umana è veramente la più intelligente?
A queste e a molte altre domande risponde... la Stupidità.

Duca de Saint-Simon

Questa puttana mi farà morire

OMBand D.E.

Per i più grandi scrittori francesi, da Stendhal a Proust, le *Memorie* rappresentano un modello. André Gide annota che ogni parola, ogni frase di quest'opera conserva il marchio di uno spirito impetuoso, mentre Emile Zola scrive che nella sua prosa palpita la vita e la passione ha seccato l'inchiostro. I Goncourt arrivano addirittura a sostenere: "ci sono soltanto tre stili: quello della bibbia, quello dei latini e quello di Saint-Simon". A distanza di tre secoli l'opera conserva una freschezza e una vivacità sorprendenti, un racconto che trascende il contesto dei fatti della corte di Luigi XIV per calarci nelle passioni degli uomini che la animano, un testo letterario ancor prima che documento storico. I personaggi smettono di essere personaggi storici, per diventare personaggi di romanzo, colti nella loro esistenza, nel loro costante affannarsi, nelle loro ambizioni e nelle loro debolezze, nel loro desiderio di primeggiare, immersi nell'architettare intrighi e nell'ordire congiure, che si muovono tra feste e ipocrisie in quello che lui definisce "il teatro del mondo".

Un famoso film degli anni '70, Oltre il giardino, si chiude con Peter Sellers, che interpreta un idiota, destinato ormai a diventare presidente degli Stati Uniti. La cosa potrebbe a prima vista apparire inverosimile, ma fino a qualche anno fa sarebbe apparso inverosimile anche un presidente che fa pubblicità a una marca produttrice di fagioli in scatola sul tavolo dello Studio Ovale.

Che la democrazia non stia vivendo la sua età dell'oro è sotto gli occhi di tutti. Anzi, la sensazione è che proceda verso un inesorabile declino. Non si vota più per il migliore, ma per il meno peggio, e sempre più spesso il meno peggio è tanto simile al peggio che si fa pure fatica a distinguerlo.

Questo pamphlet vuole mettere in discussione la democraticità e l'efficacia del suffragio universale, evidenziando l'equivoco che ne è alla base e i paradossi che ne derivano, soffermandosi sugli argomenti portati in sua difesa e contro di esso e provando a rispondere ad alcune inevitabili domande: quanto sia affidarsi al volere della maggioranza; se questa democrazia possa ancora essere garanzia di libertà; quanto la sovranità popolare sia sostanziale oltre che formale; ecc.